大展好書　好書大展
品嘗好書　冠群可期

陳式太極拳
内功心法

附DVD

■王永其　著

大展出版社有限公司

作者簡介

作者（前排居中）與弟子們合影

　　王永其（1943—　　），北京陳式太極拳第四代傳人，師承太極名家田秋田、韓奎元，並得到太極大師馮志強的教誨，學得混元太極和太極推手。現任北京市武術協會陳式太極拳研究會副秘書長、華城武術社副社長、輔導站站長。

　　作者自幼酷愛武術和書法，現爲中國書畫家協會理事，中華書畫學會會員、副主席，華夏夕陽紅書畫協會理事。長期以來任某期刊主編，從事編輯工作，有幸接觸、

採訪中國傳統武術名家。與孫力合作先後挖掘、整理了多個傳統武術拳種的套路，使瀕於失傳的古老拳種有了系統的文字闡述；並在全國性大型武術期刊上發表了大量著述，其文章有：《稀世秘傳的無極拳》（發表於《武魂》雜誌 1987 年第 3 期）、《無極拳空練十八則功法圖解》（發表於《武魂》雜誌 1987 年第 3 期）、《無極門傷科救治》（發表於《武魂》雜誌 1980 年第 6 期）、《連環綿掌九十九勢》（發表於《精武》雜誌 1996—1997 年連載）、《神槍徐四爺》（發表於《武魂》雜誌 1994 年第 6 期）、《陳式太極十三劍四十八勢》（發表於《精武》雜誌 2000 年第 1 期）、《「太極一人」陳發科》（發表於《精武》雜誌 2008 年第 12 期）等。

　　作者不僅武術著述豐富，自 20 世紀 80 年代初開始潛心鑽研陳式太極拳拳理、拳法，並勇於實踐，嚴以治學。所授弟子、學員在國際、國內武術重大比賽中獲得突出的成績。僅 2007 年、2008 年先後在「香港首屆國際太極拳邀請賽」「第 7 屆北京國際太極拳邀請賽」「邯鄲第 11 屆國際太極拳邀請賽」「北京市『浙商杯』武術太極拳邀請賽」「北京體育大學第 2 屆全國傳統武術拳種比賽交流大會」等大型武術比賽中共榮獲名次獎項 40 項，其中前三名有：9 個第一名（含金牌 5 枚）、7 個第二名（含銀牌 2 枚）、13 個第三名（含銅牌 4 枚）。

　　本書撰寫、編輯的內容是近年來的研究成果、心得及感悟，望能與太極同仁們共同交流、切磋。

「太極一人」陳發科開創
北京陳式太極拳新紀元
（代前言）

　　北京陳式太極拳（亦稱北京架）源於河南省溫縣陳家溝。自清初陳王廷造拳以來，經五代傳至陳長興，又產生了陳式新架，因而陳式太極拳有了老架、新架之分。

　　陳長興之曾孫陳發科於 1928 年應邀進京授拳，廣收弟子，並經三代弟子的傳承和發揚光大，完成了由「陳氏太極拳」向「陳式太極拳」的轉變。陳發科成爲北京陳式太極拳「一代宗師」。

應邀進京　成爲「太極一人」

　　陳發科（1887—1957 年），字福生，陳氏十七世，陳長興四世孫，師承乃父陳延熙。1928 年陳發科應邀進京（當時爲北平）授拳時，結識了許多武術名家高手，在拳術交流中顯示了他高深的太極技藝，功夫純厚，他推手拿、跌、擲放，兼施並用，以「挨著何處何處擊，將人擊出不見形」的絕技受到北京武術界的嘆服，陳式太極拳的本來面貌始爲外界所認識。

　　太極名家許禹生在一次主持北平的武術比賽時，特邀陳發科爲顧問。在研究打擂比賽時，有人提出 15 分鐘爲

限。陳說比賽時間太長，並說：「口中只念一、二、三就夠了！」東北大學武術教師李劍華猶豫道：「能那麼快嗎？」陳笑笑說：「咱們試試。」於是李進招，李出掌剛至胸前，只見陳閃電般發勁，將李打出尺許撞在牆上，在場之人無不驚服。

曾有武術詩人楊敞寫詩贊曰：「都門太極舊尊楊，遲緩柔和擅勝場，不意陳君標異幟，纏絲勁勢特別強。」當時，許多頗有造詣的知名人士，如京劇泰斗楊小樓，以及許禹生、李劍華、唐豪、劉瑞苦等人紛紛前來拜師求藝。

陳發科為人謙虛忠厚，他總以「謙受益，滿招損」和「己所不欲，勿施於人」為座右銘教導弟子。在武術界交往中，談到技藝時，他總是操著濃重的河南口音謙虛地說：「我不中。」因而，武術界送他雅號「陳不中」。陳發科武德高尚，謙虛待人，受到北京武術界的尊敬，特贈銀盾一尊，鐫刻「太極一人」以示敬仰。

完成由「陳氏」向「陳式」轉變

陳發科進京授拳近三十年，在原陳氏太極拳的基礎上，不斷提高、發展。在動作上加強了「螺旋纏繞，蓄而後發」，設計了新的拳勢，將原來 74 勢發展成 83 勢。現在全國普遍流行的陳式太極拳 83 勢就是陳發科所定之勢。

1953 年陳發科和著名拳師胡躍貞共同創辦了「首都武術社」，使陳式太極拳得到廣泛的發展，為陳式太極拳培養了一批傑出的人才。如田秀臣、馮志強、洪均生、李經梧、蕭慶林、雷慕尼、楊易辰、侯志宜、孫楓秋等，並有一批弟子還擔任了省市武協的領導職務。為把陳式太極拳

傳向全國奠定了基礎。

陳發科的弟子繼承師志，於 20 世紀 50 年代開始，弟子侯志宜、雷慕尼、孫楓秋、田秀臣、洪均生、李經梧、楊易辰等，先後在北京、上海、南京、鄭州、濟南、石家莊、西安、焦作、北戴河等地設點授拳。

弟子田秀臣應邀到北京體育學院教學，使流傳民間的陳式太極拳進入高等學府，從而體育學院設立了陳式太極拳的課程，培養出不少優秀運動員。

陳發科及其弟子經過幾十年的努力，將禁錮在家族中的「陳氏太極拳」，完成了向「陳式太極拳」的轉變，將陳氏太極拳變成社會大眾鍛鍊身體的一種拳種，從而開創了北京陳式太極拳新紀元。這是陳發科傑出的一大貢獻。

桃李滿天下　享譽全世界

1957 年陳發科逝世後，他的弟子李劍華、唐豪、顧留馨、李經梧、陳照奎等著手編寫《陳式太極拳》一書，於 1963 年由沈家楨、顧留馨編著出版。從出版至今行銷四十多年常盛不衰。

北京陳式太極拳在全國得到推廣的同時，拳的套路上也有了新的發展，在原有陳式太極拳一路（83 勢）、二路（71 勢）的基礎上，田秀臣、闞桂香合編了《簡化陳式太極拳》；馮志強編著了《精練陳式太極拳》；潘厚成整理了《陳式太極拳入門》；闞桂香主編了《陳式太極拳競賽套路》等，這些套路的出現極大地豐富了陳式太極拳學習、演練的內容，廣泛深入地推動了陳式太極拳的發展。

近些年來，北京陳式太極拳發展很快，1983 年北京成

立了「陳式太極拳研究會」，由他的弟子馮志強擔任會長，先後在北京各大公園成立了輔導站、活動站。透過拳術交流，技術理論研討、培訓、表演比賽等方式，每年都教授大批的學員，使北京陳式太極拳得到廣泛的發展。經過幾代人的努力，完全完成了「陳氏太極拳」向「陳式太極拳」的過渡和轉變。

改革開放以後，北京陳式太極拳迅速走向世界。全國十大名師之首馮志強繼承先師陳發科的高超技藝和高尚武德，成爲第一個把北京陳式太極拳傳到國外的人，先後到美國、墨西哥、瑞典、新加坡、日本等國傳授陳式太極拳，他以高超的技藝戰勝了許多外國著名拳師。多年來，在與外國拳師交流中從無敗績，爲國爭了光。

目前，北京陳式太極拳得到空前發展，已傳遍全國和世界，受到國內外武術愛好者的喜愛和歡迎。

田秋田
2011 年 2 月

 自 序

　　傳統武術是中華傳統文化的一枝璀璨的奇葩，廣泛地繼承、發展和弘揚傳統武術文化是時代的呼喚。中華民族受益於改革開放 30 年的成果，物質生活有了極大提高，目前人們的文化生活、精神生活也極需豐富，健康水準更需提高到現代人的健康標準。

　　編撰出版《陳式太極拳內功心法》一書其目的就是爲了繼承、發展和弘揚中華傳統武術文化，造福於炎黃子孫。幫助人們修身養性、強身健體、陶冶情操、啓智益悟、延年益壽，以求提高人體生命品質。

　　《陳式太極拳內功心法》全書內容分成「拳理」和「拳法」兩大部分。

　　「拳理」部分，詳細闡述了「太極內功心法」和「太極拳四大要論」。

　　「內功心法」，歷代拳家都把它視爲「至人傳，非人遠，萬兩黃金不肯傳的秘笈」，因而精其法者甚微。此書詳析了內功「大小周天」的通絡方法，以及深層次地研討了太極拳「拳勢呼吸法」「太極拳成勢人體各部位之規矩」和「太極拳纏絲解」等，這些問題均是一些習拳者長期困擾的難題。

　　「太極內功心法」源於道家「內丹修煉術」。易理和

中醫經絡知識是其文化基礎，其核心是「煉精化氣，煉氣化神，煉神還虛」。掌握此法，必須從兩個方面入手。

其一，須過好「慾關」。儒家提倡「善養心者在寡慾，寡之又寡，以至於無，則心存而性存，氣不必言矣」。道家稱此爲「順者生人，逆者成仙」。

其二，須運用唯物辯證法指導練內功。練拳習武之人，應該是一個辯證唯物主義者。承認物質（元氣）是第一性的，精神（意念）是第二性的，同時也承認精神（意念）對物質（元氣）的反作用。元氣需按意念的導引，由引氣、養氣、煉氣、聚氣、凝氣，使人身元氣發生質變，即產生一次飛躍。這種「飛躍」，不是成仙成佛，而是將「元氣」轉化爲另一種形態——螺旋勁（內勁）。

「拳法」部分，闡釋和剖析了陳式太極拳（北京架）兩種拳套，一是「陳式太極拳第一路」，二是「陳式太極拳精練拳四十六勢」。

本書所撰編的拳套，其內容不是簡單的重複先人前輩所傳拳之套路。在編撰過程中，依據陳鑫所著《陳氏太極拳圖說》一書「序」中提倡的「開券有益」三原則，即：一是借助此書瞭解陳式太極拳，吸取其中精華以豐富個人所學；二是借鑒和仿效此書的編撰體例和表述方法，以完善自家之學；三是從武術整體角度進行比較，以獲取更多體悟，拓展更廣的視野。

本書以此「三原則」爲導向，巧妙地借鑒了《陳氏太極拳圖說》一書的編撰體例和表述方法。運用易理和中醫經絡知識對運動氣機、內氣運行、纏絲勁（內勁）運用，以及外形運動方法、內勁運行方法、動作攻防作用、身體

各部位的規矩等清晰細微地進行了闡釋；結合拳理深入淺出地進行了剖析。並吸取陳鑫「以訣示要」的手法，引用前人「歌訣」和「韻語」進行表述，以增強此書的可讀性，進一步幫助讀者領悟「陳式太極拳內功心法」的技法、練法和功能。

編撰「陳式太極拳精練拳四十六式」，其目的是爲了適應國內、國際太極拳賽事。此套路行拳時間，按照競賽規定的時間爲 4~6 分鐘。

此套拳以「一路」柔勢爲主，補充了「二路」中的一些剛勢；並以「低架」「型美」「規矩」等特點，在國內、國際太極拳重大賽事中得到檢驗。僅 2007 年、2008 年兩年間，所授弟子、學員在國內、國際太極拳大賽中榮獲 40 個獎項。

太極拳是「終身不盡之藝」。此書的出版希冀廣大太極拳愛好者能從中得到啓迪。

作者
2011 年 2 月 28 日於北京

目　錄

陳式太極拳・北京架　拳理

陳式太極拳・北京架　拳法

陳式太極拳 北京架 拳理

第一章
太極內功心法

內功是武術的根本，得其一而萬事備。諺曰：「練拳不練功，到老一場空。」沒有充足的內氣，武術的威力是不能體現出來的。常言道：「力不敵法，法不敵功。」因此，太極拳「以功為本，以養為主，以拳為母」，三者合一，才能成功。

一、內功心法要略

太極內功心法的基礎理論，在於「四明」，即：明經氣、明呼吸、明功法、明功理。

(一)明經氣

太極拳的文化基礎是易理和中醫經絡知識。據醫學理論，經絡是人體氣血、津液和新陳代謝的主要通道，經絡的功能就是溝通表裏、運行氣血、調理陰陽、抗衡病邪、保護肌體。而太極拳屬內家拳術，是一種動靜兩功、內外雙求、性命雙修、以意行氣的運動。

太極拳諸功法：太極拳內功、太極拳走架、太極推手、太極節膜、拿脈、抓筋、閉穴等，都與經絡及其氣血

運行密切相關。

太極內功第一要務，就是首先要弄清人體經絡中的「氣」。經絡中流注的氣稱為「經氣」，也稱「內氣」。它主要由元氣、宗氣、營氣和衛氣組成。

1. 元　氣

元氣指的是先天之氣，即腎氣。它是指人體生命活動的根本，是經絡功能活動的基礎，十二經脈流注之「經氣」皆本源於腎氣，故稱元氣。

2. 宗　氣

宗氣指的是後天之氣，包括脾胃運化的水穀精氣與呼吸的自然界之清氣。它的功能是走息道以呼吸，貫心脈以行氣血。呼吸的強弱以及氣血運行都與宗氣關係密切。

3. 營　氣

營氣它是營運脈中的精氣。生於水穀，源於脾胃，出於中焦，有化生血液，以營養全身的功能。

4. 衛　氣

衛氣它是行於脈外之氣。生於水穀，源於脾胃，出於上焦。其性慓（音「剽」）疾滑利，遊走竄透，不受脈道的約束，有保護肌體的功能。

元、宗、營、衛四氣構成人體生命活動的最基本的物質。它的生成是全身各臟腑綜合作用的結果，尤其是肺、脾胃、腎。肺由呼吸把自然界之清氣入肺，參與宗氣形

成；脾胃主運化，將飲食水穀化為精氣散佈全身；腎藏精，是生氣之源，既藏先天之氣，也藏後天之氣，為氣的生成提供基礎。

古人云：「心者血，肺者氣，血為營，氣為衛，相隨上下，謂之營衛，通行經絡。」經絡中既有氣的存在，又有血的運行，氣與血兩者同行於經絡之中，氣以帥血，血以載氣，如影相隨，貫通上下、左右、表裏、內外，周身無所不至。

(二) 明呼吸

太極內功運氣、養氣、練氣、聚氣、凝氣都是由呼吸完成的。道家稱「導引吐納」，釋家稱「練氣功行」，儒家稱「養浩然之氣」。

呼吸有口吞、鼻吞之別，拳家稱「鼻吞為文火，口吞為武火，一呼一吸為一息」。呼吸之方法：

1. 自然呼吸

吸氣時嘴稍張開，上下牙齒微微相合，舌尖抵住上腭，隨著用鼻吸氣腹部要凸起。呼氣時嘴要閉住，舌尖抵住上腭，隨著呼氣腹部要凹下。呼吸要掌握均勻，慢、輕、細、長。

2. 逆呼吸

吸氣、呼氣的要領與自然呼吸相同，但吸氣時腹部要凹下，呼氣時腹部要凸起，正好與自然呼吸相反。

3. 順呼吸

呼吸的方法與自然呼吸相同，腹部的凸凹方式也一樣，不同的地方是呼吸要深要長。

4. 深呼吸

深呼吸採用的是逆式呼吸。喉部要儘量張開，鼻、嘴同時吸氣，儘量拉長吸氣的時間、加深吸氣的深度，使氣直達丹田，呼氣要細長、均勻，把氣一定要呼盡，即「吸則吸滿，呼則呼盡」。

5. 內呼吸（也稱胎息）

呼吸時不用口鼻，就像是胎兒在母體內呼吸，即用肚臍、毛竅或丹田進行胎息。吸氣時意識到氣由湧泉提到尾椎，再至脊椎而達頭頂百會；呼氣時氣由頭頂百會，經丹田、會陰而至湧泉。

練功時，無論採用哪種呼吸法，都要用意念引氣循行。這層功夫首先要解決「三調」，即「調心、調身、調息」。

調心，就是解決好入靜。

練功時思想集中，排除一切雜念，意守丹田，真正做到靜要靜得下，守要守得住，攝氣歸意，意從腦施，這樣才不至於使人身的宗、營、衛、元四氣流散。靜從思純來，思想集中，心思皆靜。

調身，就是解決好身體換力。

練內功站樁不是請客吃飯，而是一種苦差事。開始練

習時腰酸腿痛，沒有毅力是堅持不下來的。身體由痛到不痛，由站的時間短到時間長，這就是「換力」。

　　調息，就是解決好準確掌握各種呼吸方法。

　　如「自然呼吸」，它不是維持生命的那種自然呼吸，而是經過高度概括上升為內功修煉的一種呼吸方式。必須在靜、鬆的環境下進行。吸、呼要保持細、勻、輕、長，一刻都不使急、促，做到呼吸粗細均勻，長短相宜，呼則呼盡，吸則吸滿。

　　「氣沉丹田」是衡量呼吸方法是否已掌握的尺度。氣沉丹田就是解決氣漸而「聚之於丹田」。丹田為氣功之根，是生、泄元氣之府，貯勁之庫，發勁之源。當五氣（宗氣、營氣、衛氣、元氣和吸入的清氣）歸一為丹田時，就可以迸發出強大的力量。

　　訣曰：

　　　　丹田位臍下，三寸正中間。

　　　　調息聚關元，勁源在丹田。

　　　　意領發四梢，瘦漢擔泰山。

　　　　四兩撥千斤，丹田是力源。

（三）明功法

　　太極內功即是氣功，練氣者須知三原則：

　　古人說：「用心意集中丹田內，先吸後呼，一吸百脈皆合，一呼百脈皆開，呼吸往來百脈皆通。」又說：「用心意守住丹田，丹田內即生氣生血，氣血滿足，身體健壯

而百病皆癒。」所以「意守丹田」是太極內功的首要原則。

二是舌抵上腭，也稱「搭橋」。譜云：「舌抵上腭攝真氣，氣注丹田成神威。」攝氣歸意，意從腦施，這樣才能不至於使人體宗、營、衛、元四氣流散。

三是靜。練功時思想要完全集中，排除一切雜念。如詩云：「莫看面前仙女行，莫思門前玩活龍，莫懼金刀取首級，仿似獨君深山行。」

太極內功有四種練功方法。佛家稱禪功，道家稱仙功，拳家稱樁功。

1. 無極樁

功訣：

　　　兩足開立同肩寬，沉肩垂臂分兩邊；
　　　閉口眯視鼻尖下，意守丹田刻不緩。

【動作與意念】：

練功前，先換氣，即三呼三吸，吐故納新，此稱泄廢氣。（見圖無極樁）

練功時，先靜而後運氣，採用自然呼吸進行，身體保持端正，兩眼微閉，目視鼻尖，舌抵上腭，意守丹田。

以意引氣，氣由祖竅慢慢下降，由體前任脈下行到中丹田、下丹田、會陰、再分行至兩腿下降至腳心湧泉穴。身體自上而下慢慢放鬆，一吸一呼慢慢入靜，似進入無形無象、空空洞洞的無極之境。

練功時間，每日早晨、中午、晚上均可，每次 15～30

無極椿

分鐘。

收功法，雙手抱球收於小腹，右手壓疊左手，逆時針由小至大旋轉 6 個圈，然後順時針由大至小旋轉 6 個圈收於小腹。

2. 三圓椿

功訣：

雙腿屈前如彎弓，雙臂雙手環腹前；

靜中浮動意不亂，三田合一體緩然。

【動作與意念】：

練功前，先換氣，換氣方法與無極椿同。（見圖三圓椿）

三圓樁

　　練功時，兩腿分開略比肩寬，雙手自體前緩緩上升，抱球於腰腹前，指尖相對，手心向裏，鬆肩沉肘。要求臂要圓、背要圓、襠要圓，故稱三圓樁。姿勢可高可低，其餘動作與無極樁同。

　　以意引氣，採用逆呼吸進行，氣由下丹田慢慢下降至會陰穴，然後氣經尾閭上行至夾脊、玉枕、百會，運氣沿面部歸中丹田，然後分散兩臂，下達外關（在手背、腕橫紋上2寸中央處），再達指梢。下行之氣與無極樁同。

　　練功時間為每日早晨、中午較好，初練時30分鐘，逐步增至60分鐘。

　　收功法與無極樁同。

3. 馬步樁

功訣：

　　　兩腿分蹲如馬形，苦練數載功能成；

動則隨氣腦為帥，意領丹田虎力生。

【動作與意念】：

練功前，先換氣，換氣方法與無極椿同。（見圖馬步椿）

練功時，兩腿分開比肩寬，兩腳五趾抓地，兩小腿直立，兩大腿骨彎曲如坐，與地水平，腿彎處應成直角；雙掌平推出，指尖向上，含胸拔背，意守丹田。其他動作與無極椿同。

佛家認為「練氣之學，以運使為效，以呼吸為功；運使之法，以馬步椿為先」。馬步椿是椿功的上乘功法，此功以意引氣，採用深呼吸法進行。訣曰：「一吸便提，息息歸臍；一提便咽，水火相見。」

練功開始，先調勻呼吸，深吸清氣一口，直入下丹田、腹下至會陰，轉抵尾閭，即用氣一提，如忍大便之

馬步椿

狀，提上腰脊、背脊，由頸直上泥丸（上丹田），從頂下至山根，入玉池，口內生津，即連津咽入中丹田，降至下丹田。如此 36 次畢，此為聚氣。

初練馬步樁者，腰、腿極度酸痛，其力不是增加，反覺減退，此稱為「換力」，即是將以前之浮力、虛力全都改變。如能馬步樁習之純熟，則可氣貫丹田，強若不倒之翁。

拳諺曰：「運氣貴於緩，用氣貴於急，送去必用呼，接來必用吸，拳打不見形，要在疾中疾，此中玄妙理，只在一呼吸。」

練功時間，每日早晨、晚上較好，初練時 10 分鐘，逐步增加到 60 分鐘。

收功法與無極樁同。

4. 臥　椿

臥樁有兩種姿勢，一是側臥，二是仰臥。練功時根據每個人的習慣，可採用任何一種姿勢，也可兩種姿勢交替使用，但在攻關時不可交替。

（1）側　臥

身體向右，側臥於床，兩腿前屈，大腿與身體成鈍角，右腿著床，左腿放右腿上，稍向前提；右掌心向上，放在右耳輪下，左掌心向下，放在左大腿根部；頭稍向前勾，形似螳螂。兩眼微閉，目視鼻尖，自然閉口，舌抵上腭，用鼻呼吸，意守丹田。

功訣：

側身臥床形螳螂，頭向前勾臂稍扛。

　　右手墊在耳輪下，左手放在大腿上。

　　抵腭閉口眯視詳，片刻工夫入靜鄉。

（2）仰　臥

　　身體仰臥於床上，兩腿自然伸直，兩腳尖自然外撇；兩手心向下，平放兩腿外側，全身放鬆。兩眼微閉，目視鼻尖，舌抵上腭，用鼻呼吸，意守丹田。

功訣：

　　緩臥緩伸足手順，日月循周等眞機。

　　依法習功恒是終，五氣歸宗百絡通。

　　臥功（睡仙功）是太極內功的上乘功法，通小周天、大周天，全由此功法完成。

　　呼吸方法，先以自然呼吸進行調息、入靜，然後進行深呼吸 36 次，深呼吸後轉逆呼吸。

　　以意引氣，順小周天路線循行，小周天打通後沿大周天路線循行（大小周天循行路線後邊詳解）。

　　練功時間，此功需在子時（23～1 點鐘）和午時（11～13 點鐘）練功。

　　收功方式，可採用無極樁收功法，也可隨入靜、入睡自然收功。

（四）明功理

　　學內功者，需明理，理通神自明。也就是說，初學內功者，首先須知道何為「天道」、何為「人道」之理。

古人云：「俗家陰陽交媾，夫妻配偶，稱為人道，性靈所感，氣化精而排出，受胎成形，生男育女，此曰『順行』。」練內功則稱為「天道」，曰為「逆行」。逆行者則是把精上提不能排出，煉精化氣，煉氣化神，煉神還虛。道家稱此「順者成人，逆者成仙」。

因而，把這種升化結果，儒家叫做「超凡入聖」；道家叫做「羽化成仙」；釋家叫做「涅槃（音「盤」）成佛」；岐黃稱做「真人」。由此可知，練內功者可「養生」，即可「積精」「養氣」「全神」，此為真諦。故能使人強身健體、鶴髮童顏和延年益壽。

練功還可使人增加防衛能力，武功不能離氣，氣者百節之源。古人云：「心到意到，意到氣到，氣到力到，力到生效。」拳經曰：「氣走於膜、絡、筋、脈，力出於血、肉、皮骨。故有力者皆外壯於皮骨，形也；有氣者是內壯於筋脈，象也。」知氣之所以然，自能知用力、行氣之分別，即在於行氣於筋脈，無微不到；用力於皮骨，如百煉鋼。

二、任督二脈「小周天」功法指要

「小周天」，即是打通任督二脈。道家稱此為「煉精化氣」。歷代拳家都非常看重任督二脈「小周天」，將其功法視為「至人傳，非人遠，萬兩黃金不肯傳的秘笈」。

拳論云：「人身之有任、督，猶天地之有子午也。」「蓋人能明任、督以運氣保身，猶明愛民以安國。民斃國亡，任衰身謝。是以上人行導引之術，以為修仙之根

本。」內功只有打通任督二脈，才能「呼吸通靈，周身罔間」「一身之勁，練成一家」。因而，練功之前第一要便是全面認識、掌握任督二脈。

(一)任脈、督脈

任脈、督脈與其他六條脈，即衝脈、帶脈、陽蹻脈、陰蹻脈、陽維脈、陰維脈稱為「奇經八脈」。

其中除了督脈、任脈有固定的腧穴外，其餘六條經脈都未有腧穴。由於它們的循行路徑不同於十二經脈，與臟腑沒有直接的相互絡屬關係，也沒有表裏配合，故稱「奇經」。它們交叉貫穿於十二經脈之間，具有調節氣血的作用。

由於奇經八脈中的任督二脈，是太極拳內功「小周天」的行功路線，凡練內功者，都必須弄通任督二脈的功能。

醫書曰：「督脈由會陰而行背，任則由會陰而行腹，人身之有任督，猶天地之有子午也。」

1. 督　脈

督脈在人體中氣血運行範圍大，層次多，深度深，表裏關係複雜，與臟腑聯繫密切。督脈由長強穴經脊背上行至頭沿額到鼻柱至喉部，故稱「陽經之海」。（見督脈循行和腧穴示意圖）

督脈起於尾骨尖端與肛門之中點的長強穴，終於上唇與上齒齦（音「銀」）之間的齦交穴，共計28個穴，即：長強、腰腧、腰陽關、命門、懸樞、脊中、中樞、筋縮、至陽、靈台、神道、身柱、陶道、大椎、啞門、風府、腦戶、強間、後頂、百會、前頂、囟會、上星、神庭、素髎

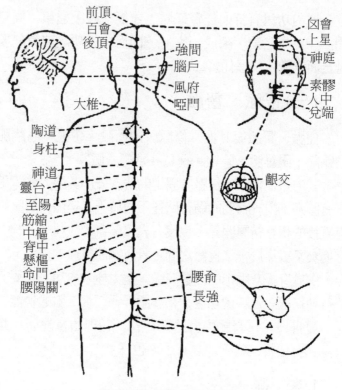

督脈循行和腧穴示意圖

（音「療」）、人中、兌端、齦交。

2. 任　脈

　　任脈由會陰穴沿腹上行經胸達咽喉部，故稱「陰經之海」。（見任脈循行和腧穴示意圖）

　　任脈起於陰囊與肛門（陰唇與肛門）之間的會陰穴，共計 24 個穴，即：會陰、曲骨、中極、關元、石門、氣海、陰交、神闕、水分、下脘、建里、中脘、上脘、巨

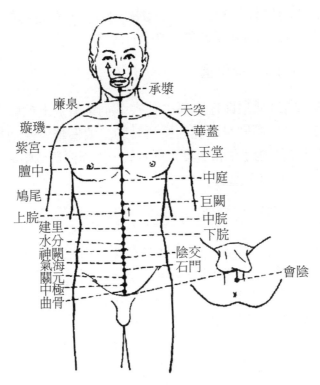

任脈循行和腧穴示意圖

闕、鳩尾、中庭、膻中、玉堂、紫宮、華蓋、璇璣、天
突、廉泉、承漿。

(二)任督衝關內氣由來

拳譜云：「古今習內功者，首先要知道人身氣的由
來，然後懂得練氣行功和如何納氣分路，方可練就一身功
夫。」

現代拳家把內氣產生的過程和聚氣的位置畫定為：

「內氣低壓區」和「內氣高壓區」。這一畫定為習功者瞭解內氣由來提供了形象、科學的依據。

1. 內氣低壓區

內氣低壓區在腹部中脘穴下至氣海穴上的較大區域內，這一範圍是腹腔內臟活動的主要區域。練功初始階段，還不能產生和聚集大量內氣，因而內氣氣壓較低，故稱為「內氣低壓區」。

2. 內氣高壓區

內氣高壓區在下腹部，俗稱下丹田，其範圍在氣海穴下至曲骨穴上的較小區域內。這一範圍是人體生殖器區，即「煉精化氣區」。透過練功，不斷煉化內氣、聚集內氣而產生內氣高壓區。

「衝關」內氣，是經反覆多次運化，在氣沉丹田、氣聚丹田的過程中形成了丹田內氣，同時腿部、背部也不斷將內氣輸送到丹田內氣高壓區內。由於內氣越來越充足，便產生了區內與區外的壓力差。這種壓力差在意念調控下，可使內氣上下、左右、前後運行和鼓蕩。透過這種運行和鼓蕩，壓力差也越來越大。在意念調控下，以壓力差為動力，不斷向尾閭衝擊，這便是內氣「踏破地獄之門」的聚氣過程。

(三)練功姿勢與時間

「靜功」是太極內功重要的組成部分，其練功姿勢有兩種：一是站姿（稱站椿）；一是臥姿（稱臥椿）。佛家

稱為「禪功」。

靜功「以靜為綱，靜中求動」。通任督二脈，靜功採用的姿勢，以臥姿為佳（仰臥或側臥），輔以站姿（馬步樁或三圓樁）。

臥姿練功，時間可長可短，無勞累之虞，入靜也快。

功訣：

側仰姿勢練靜功，全身內外要放鬆。

二目垂簾守祖竅，舌抵上腭津自生。

深細長勻調呼吸，身心兩忘萬籟寂。

臉似蟻爬丹田暖，靜極而動一陽現。

練功時間，選在子時最好。子時，陰盛變衰，一陽來復始之時，合道德之言，「一生二、二生三、三生萬物」，定生真精元子。此時，陰氣下降，陽氣上升，暗合「天道」，即逆行「煉精化氣」。

(四)任督「小周天」功法

「小周天」即是按陰陽循環之理，以意念引內氣沿任督二脈循環周轉，稱「小周天」。但人體任督二脈前後有「六關」緊閉，互相不能溝通。正如拳論所云：任督二脈「脈雖貫而氣不相通」。欲實現「小周天」循環周轉，就須打通任督二脈。

古拳譜載：通關之法即以「煉精化氣」之法訣，將欲奪關而出的元精化成元氣，上走身後督脈三關，即尾閭、夾脊、玉枕（道家稱為「子進陽火」），至頭頂，下走任

脈三田，即祖竅、降宮、炁穴，此為午退陰符。下手煉精化氣，必須建立在純靜的基礎上，從靜極一陽初動到藥產神知的二侯到來，不能有絲毫的雜念。

其關鍵之秘在於「下手功夫」。此功以臥姿靜樁練功，先深呼吸 36 次，轉逆呼吸行功。拳譜曰：「日日行之，無差無間。」「行功三百餘日，督任二脈積氣俱充。」練至「周身混沌，不知身之為我，我之為身」即到「靜極生動」之時，忽覺「虛室生白，黑地引針」「兩腎如湯熱，膀胱似火燒」（陳鑫語），全身如置蒸籠，大汗淋漓。出現此景即可施下部功法，令其任督二脈貫通。

下手功夫訣曰：
一吸便提，息息歸臍。
一提便咽，水火相見。

此時，外腎勃起，下手功夫即是控制精不外泄，其法：二目內視，舌抵上腭，提肛收腹，緊縮穀道，深吸一口氣，引丹田內氣衝向尾閭，只覺一股暖流通過尾閭直達夾脊；繼而吸氣，又衝過夾脊、玉枕兩關，氣達頭頂百會穴。此時呼氣一口，氣從頭頂經面部如瀑布泄下，通過上丹田、中丹田，達下丹田。內氣沿任督二脈循環一周，此「小周天」成功矣。古拳譜云：「此練氣最緊要者，謹之秘之，切無妄泄，以遭天譴。」

打通任督二脈，道家稱為「踏破地獄之門」，此言其難。

因而，練功時須刻苦練習、持之以恆，未用功而先期

效，稍用力而即期成，這種思想要不得。少林功夫，將「苦」與「恒」稱為妙訣，其意便是「無苦不成才，無恒不成功」。陳鑫明指：「理明路清，氣自有神。」

三、十二經脈「大周天」功法圖說

身體十二經脈實現「大周天」，道家稱為「煉氣化神」，是習武者夢寐以求之事。「大周天」通了以後，正如拳經所云：「氣走於膜、絡、筋、脈，力可出於血、肉、皮、骨。」「以氣周流全身，意到氣到，氣到力到，不用拙力，純以神行，功效著矣。」

「大周天」可說是「理極精，技真難」，礪苦恒志，方能獲得真功。學者須先精悉經絡、腧穴和氣血循行之理，然後方可言功法之技。

(一)人體十二經脈循行之理

十二經脈，是人體經絡的主體，內連於臟腑，外絡於形體百骸，分為手、足、三陰、三陽十二條經脈。

1.絡屬關係

經脈之間依據臟腑的陰陽表裏關係而結成陰陽絡屬。五臟屬陰，所以六條手、足陰經與五臟結成絡屬關係。即：手太陰經屬肺，故稱手太陰肺經；足太陰經屬脾，故稱足太陰脾經；手少陰經屬心，故稱手少陰心經；足少陰經屬腎，故稱足少陰腎經；手厥陰經屬心包，故稱手厥陰心包經；足厥陰經屬肝，故稱足厥陰肝經。陰經主表。

六腑屬陽，所以六條手、足陽經與六腑結成絡屬關係。即：手陽明經屬大腸，故稱手陽明大腸經；足陽明經屬胃，故稱足陽明胃經；手太陽經屬小腸，故稱手太陽小腸經；足太陽經屬膀胱，故稱足太陽膀胱經；手少陽經屬三焦，故稱手少陽三焦經；足少陽經屬膽，故稱足少陽膽經。陽經主裏。每條經脈依據內連的臟腑的屬性命名。

2. 循行規律

內氣在人體中不斷循行，十二個時辰可環流全身十二經脈一周，道家稱此為「大周天」。

子午流注學認為，經行之道，有一定之規，經行之時，有一定之序。氣血乃人生命之源，沿十二經脈按一定的時間循行無端，永無靜止，連成一個大的循行通道。

其氣血循行連接的時辰是：每日人體的氣血從寅時（3～5 點鐘）起於手太陰肺經；卯時（5～7 點鐘）流注入手陽明大腸經；辰時（7～9 點鐘）流注入足陽明胃經：巳時（9～11 點鐘）流注入足太陰脾經；午時（11～13 點鐘）流注入手少陰心經；未時（13～15 點鐘）流注入手太陽小腸經；申時（15～17 點鐘）流注入足太陽膀胱經；酉時（17～19 點鐘）流注入足少陰腎經；戌時（19～21 點鐘）流注入手厥陰心包經；亥時（21～23 點鐘）流注入手少陽三焦經；子時（23～1 點鐘）流注入足少陽膽經；丑時（1～3 點鐘）流注入足厥陰肝經。（見氣血循行示意圖）

（二）「大周天」通絡功法十四式

古拳譜曰：內功心法有二，「一養氣，一練氣。」又

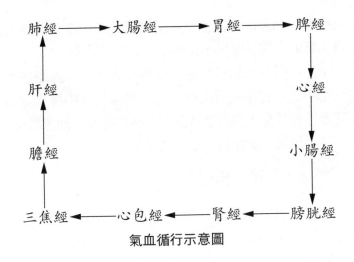

氣血循行示意圖

曰：「諸功之法，練氣為先。」因「練氣之學以運使為效，以呼吸為功」。「即云練氣，則宜勤於運使，運使之法，以馬步為先（又名站樁）」。

十二經脈「大周天」通絡功法，遵練氣運使之法「以樁為先」之理，從拳套中選出十四個單勢為功架，亦稱「大周天」通絡功法十四式。

其法：拳勢從動到定，以定勢為樁、動勢輔之進行練功。「十四式」拳勢樁，每式之間，沒有上下起承關係，均為單勢練功。

貫氣，依據「人身氣血，悉聽於意，意行則行，意止則止」之理，按照經脈「絡屬關係」「循行規律」和「氣血流注順序」依次對十二經脈逐條進行貫氣通絡。

其目的是對十二經脈之間相互聯絡之支脈，由引內氣不斷衝擊其淤滯，達到「氣周流全身，意到氣至」，提高「氣到力到」「疾迅誰能敵」之技擊能力，並可消除經脈

氣血盛衰不調和經絡氣血逆亂阻滯等致病因素，改善人體循環和臟腑之間的聯繫，從而達到健身之目的。

十二經脈貫氣通絡功法，也稱「大周天」通絡法，是在「小周天」自由循行基礎上行功貫氣的。中醫學認為：「通此任督二脈，則百脈皆通。」明白此理，即入門也。

「大周天」通絡功法十四式是：

第一式　貫氣預備勢

預備勢以無極樁為動勢轉太極樁為定勢，靜樁站立 3 分鐘，行「小周天」，將內氣聚於丹田，為向十二經脈貫通做好準備（圖 1–1、圖 1–2）。

【**功法**】：

靜樁站立，內固精神，意守丹田，以靜待動，吐納為先。

吸氣（丹田呼吸），會陰收縮，尾閭前斂，引丹田內

圖 1-1　無極樁動勢

圖 1-2　太極樁定勢

氣，經會陰，過尾閭，沿督脈逆行而上，經腰、脊達頭頂百會穴。

呼氣，內氣由頭頂百會穴下行面部，沿任脈下行，經頸部、胸部、腹部達會陰部，內氣沿任督二脈循環一周。持續行功 3 分鐘後，轉為「大周天」通絡「拳勢樁」練功貫氣。

第二式　手太陰肺經貫氣法

十二經脈「大周天」通絡功法，是依據人體氣血循行規律、順序進行貫氣通絡的。手太陰肺經是每日人體氣血

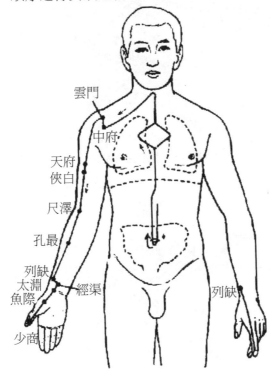

雲門
中府
天府
俠白
尺澤
孔最
列缺
太淵
魚際
經渠
少商
列缺

手太陰肺經循行和腧穴示意圖

循行的起點（寅時，3～5 點鐘），因而通絡貫氣從此經開始，以下各條經脈依循行順序貫氣通絡。（見手太陰肺經循行和腧穴示意圖）

手太陰肺經，起於鎖骨外端下方的中府穴，終於拇指橈側指甲後的少商穴，共有 11 個穴。

此式採用拳套中「懶紮衣」一勢為功架（樁）行功貫氣。（圖 1-3、圖 1-4）

圖 1-3　懶扎衣動勢

圖 1-4　懶紮衣定勢

【功法】：

吸氣（丹田呼吸），用意念引丹田氣，經會陰，過尾閭，內氣沿督脈上行至頭頂百會穴，見圖1-3。

呼氣，內氣由百會穴下降，經耳、頸、肩到達鎖骨外側中府穴。同時，拳架「懶紮衣勢」緩緩而動，身體略微下沉，隨即向右轉；兩手由合而開，右手大順纏向右轉臂展開；鬆胯、沉肩、墜肘，手心向前變立掌，成為「懶紮衣拳勢靜樁」。

內氣隨動作徐徐而行，沿上臂內側手太陰肺經下行至雲門穴，經天府穴、列缺穴直達拇指端少商穴，見圖1-4。

「懶紮衣勢」成為靜樁後，繼續「以呼吸為功」向經脈中貫氣衝擊淤滯。初始每次練功為六息（一吸一呼為一息），以後可根據練功進展情況，逐漸加大呼吸次數，由每次六息依次加大為十二息、十八息、二十四息、三十六息。

以下各經脈貫氣法，呼吸方式均同，不贅述。

手太陰肺經內氣至列缺穴，沿分出的一條支脈，走向食指內側端商陽穴，內氣與手陽明大腸經相連接。此處是意念引內氣重點衝擊的穴位。

【養生、健身之作用】：

肺乃諸氣之根本，是藏魄之所。肺司呼吸，肺氣可養皮毛，皮毛則可生腎。肺經無滯可治療咳嗽、氣喘、呼吸短促、心煩口渴、咽喉腫痛和肩背部疼痛等症。

第三式　手陽明大腸經貫氣法

手陽明大腸經，起於食指橈側指甲後商陽穴，終於鼻唇溝中的迎香穴，共有20個穴。（見手陽明大腸經循行和

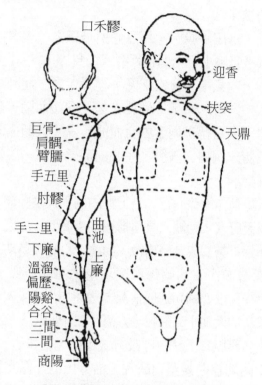

手陽明大腸經循行和腧穴示意圖

腧穴示意圖）

　　此式採用拳套中「倒捲肱」一勢為功架（樁）行功貫氣。（圖1-5、圖1-6）

【功法】：

　　吸氣（丹田呼吸），用意念引丹田氣，經會陰，過尾閭，內氣沿督脈上行至頭頂百會穴，見圖1-5。

　　呼氣，內氣由百會穴下降，經面部到達鼻唇溝中的迎香穴。同時，拳架「倒捲肱勢」緩緩而動，左腳提起向左

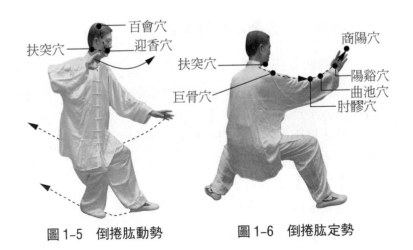

圖1-5　倒捲肱動勢　　　圖1-6　倒捲肱定勢

後弧形撤一大步，右手向前推擠至右耳前，成為「倒捲肱拳勢靜樁」。

　　內氣隨動作徐徐而行，沿手陽明大腸經下行至頸側部扶突穴，經肩峰巨骨穴，沿上臂外側前緣下行至肘上側肘髎穴，過曲池穴到腕部陽谿穴，順食指橈側達指端商陽穴，見圖1-6。

　　「倒捲肱勢」成為靜樁後，繼續「以呼吸為功」向經脈中貫氣衝擊淤滯。呼吸方式、次數與第二式同。

　　手陽明大腸經，內氣沿其支脈，在面部鼻翼兩旁與足陽明胃經相連接。此處是意念引內氣重點衝擊的穴位。

　　【養生、健身之作用】：

　　大腸是輸送水穀的器官，與肺相表裏。手陽明大腸經貫通無滯，可治療鼻流清涕、咽喉腫痛、頸腫、腸鳴腹痛、泄瀉、大腸氣滯、腹滿、急食不通、下利赤白及頸、肩疼痛等症。

第四式　足陽明胃經貫氣法

足陽明胃經，起於眼眶下緣承泣穴，終於二足趾外側，指甲角後的厲兌穴，共有45個穴。（見足陽明胃經循行和腧穴示意圖）

此式採用拳套中「斜行拗步」一勢為功架（椿）行功貫氣。（圖1-7、圖1-8）

【功法】：

吸氣（丹田呼吸），用意念引丹田氣，經會陰，過尾閭，內氣沿督脈上行至頭頂百會穴，見圖1-7。

呼氣，內氣由百會穴下降，經面部至內眼角承泣穴。同時，拳架「斜行拗步勢」緩緩而動，腰向左旋下沉，右手旋腕外翻，掌心向外，以肩領右手向右轉，沿平圓軌跡自左向右徐徐外開至右腿上方，高與肩平；開胸、鬆胯、屈膝，螺旋下降，成為「斜行拗步勢靜椿」。

內氣隨動作徐徐而行，沿足陽明胃經下行至鎖骨上窩缺盆穴，經胸部乳根穴，腹部氣衝穴，達屈股處髀關穴，順大腿下行經膝部的犢鼻穴，沿脛骨外側前緣下行，經足跗衝陽穴，到達足二趾外側的厲兌穴，見圖1-8。

「斜行拗步勢」成為靜椿後，繼續「以呼吸為功」向經脈中貫氣衝擊淤滯。呼吸方式、次數與第二式同。

足陽明胃經，內氣沿其另一條支脈，在足跗衝陽穴進入大趾內側端與足太陰脾經相連接。此處是意念引內氣重點衝擊的穴位。

【養生、健身之作用】：

胃為水穀之海，是六腑的源泉。胃與脾相表裏，由脾

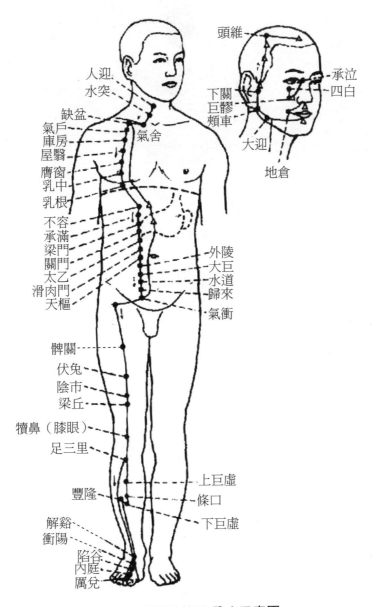

頭維

承泣
四白

人迎
水突

下關
巨膠
頰車

缺盆
氣戶
庫房
屋翳
膺窗
乳中
乳根

氣舍

大迎

地倉

不容
承滿
梁門
關門
太乙
滑肉門
天樞

外陵
大巨
水道
歸來
氣衝

髀關

伏兔

陰市

梁丘

犢鼻（膝眼）

足三里

上巨虛

豐隆

條口

下巨虛

解谿
衝陽
陷谷
內庭
厲兌

足陽明胃經循行和腧穴示意圖

圖1-7　斜行拗步動勢

圖1-8　斜行拗步定勢

的傳輸，用來滋養五臟之氣。足陽明胃經貫通無滯，可治療脘腹脹滿、胃痛、飲食不思、不知味、驚悸不眠、嘔吐、水腫、口眼歪斜、熱病及膝臏部、胸部循行部位疼痛等症。

第五式　足太陰脾經貫氣法

足太陰脾經，起於足大趾內側趾甲角後的隱白穴，終於腋窩下的大包穴，共有 21 個穴。（見足太陰脾經循行和腧穴示意圖）

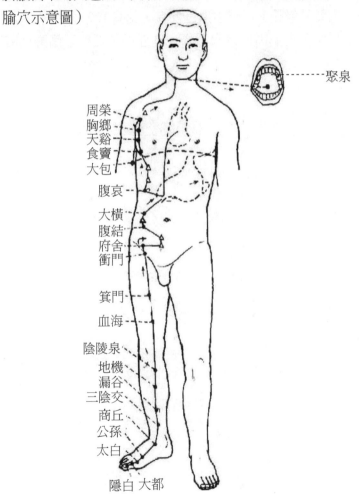

聚泉

周榮
胸鄉
天谿
食竇
大包

腹哀

大橫
腹結
府舍
衝門

箕門

血海

陰陵泉
地機
漏谷
三陰交
商丘
公孫
太白

隱白 大都

足太陰脾經循行和腧穴示意圖

　　此式採用的是拳套中「野馬分鬃」一勢為功架（樁）行功貫氣。（圖1-9、圖1-10）

　　【功法】：

　　吸氣（丹田呼吸），用意念引丹田氣，經會陰，過尾閭，內氣沿督脈上行至頭頂百會穴，見圖1-9。

　　呼氣，內氣由百會穴下降，經面部、頸部至側胸部腋

圖1-9　野馬分鬃動勢

圖1-10　野馬分鬃定勢

下大包穴。同時，拳架「野馬分鬃勢」緩緩而動，身體重心前移，屈膝前弓；右手順纏向前穿伸前托，左手逆纏向左後撐展，雙手前後開勁，成為「野馬分鬃勢靜椿」。

內氣隨動作徐徐而行，沿足太陰脾經下行經腹部大橫穴，股部內側衝門穴；繼續下行經膝內側陰陵泉穴，沿小腿直達足大趾內側端隱白穴，見圖 1-10。

「野馬分鬃勢」成為靜椿後，繼續「以呼吸為功」向經脈中貫氣衝擊淤滯。呼吸方式、次數與第二式同。

足太陰脾經循行內氣沿另一條支脈注入心中，與手少陰心經相連接。此處是意念引內氣重點衝擊的穴位。

【養生、健身之作用】：

脾是水穀倉庫的根本，是營氣產生的地方，脾主四肢，又為胃向其他臟腑輸布津液。脾氣充能滋養肌肉。足太陰脾經貫通無滯，可治療胃脘痛、脾塞、腹實脹、腹虛脹、食不下、嘔吐、痞塊、黃疸、身重乏力、舌根痛及股痛、膝內側腫脹等病症。

第六式　手少陰心經貫氣法

手少陰心經，起於腋窩正中的極泉穴，終於小手指橈側指甲角後的少衝穴，共有 9 個穴。（見手少陰心經循行和腧穴示意圖）

此式採用拳套中「退步跨虎」一勢為功架（椿）行功貫氣。（圖 1-11、圖 1-12）

【功法】：

吸氣（丹田呼吸），用意引丹田氣，經會陰，過尾閭，內氣沿督脈上升至頭頂百會穴，見圖 1-11。

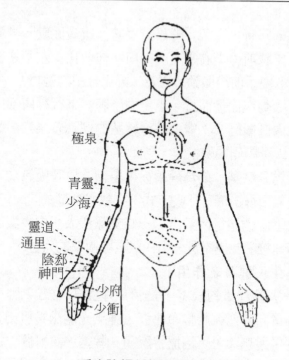

極泉

青靈
少海

靈道
通里
陰郄
神門
少府
少衝

手少陰經循行和腧穴示意圖

百會穴

圖1-11　退步跨虎動勢

百會穴

極泉穴
少海穴

少衝穴

神門穴

圖 1-12　退步跨虎定勢

呼氣，內氣由百會穴下降，經面部降至心中，上行至肺部，再下行達腋窩部極泉穴。同時，拳架「退步跨虎勢」緩緩而動，身體略下蹲，兩手掌在胸前以腕部交叉，右腳隨即向右後撤一大步，身體向右轉 180°，兩腿屈膝成馬步，雙手隨轉體向左右畫弧分開，置於兩膝側，成為「退步跨虎勢靜樁」。

內氣隨動作徐徐而行，沿上臂內側後緣至少海穴，過腕部神門穴，進入掌中，達小指末端少衝穴，見圖 1-12。

「退步跨虎勢」成為靜樁後，繼續「以呼吸為功」向經脈中貫氣衝擊淤滯。呼吸方式、次數與第二式同。

手少陰心經循行內氣沿其支脈，在手小指末端與手太陽小腸經相連接。此處是意念引內氣重點衝擊的穴位。

【養生、健身之作用】：

心為生命的根本，是最高的主宰者，精神和思維活動的源泉，思維和智力都產生在這裏。它的功能充實在血脈

之中。「心為一身之主，心生則種種欲生，心靜則種種欲靜」。手少陰心經貫通無滯，可治療心痛、心悸、健忘、多睡、目眩、口渴、咽乾、盜汗、失眠及胸肋痛、上肢內側後緣疼痛等症。

第七式　手太陽小腸經貫氣法

手太陽小腸經，起於小手指側，指甲角後的少澤穴，終於耳屏與下頜關節之間的聽宮穴，共有 19 個穴。（見手太陽小腸經循行和腧穴示意圖）

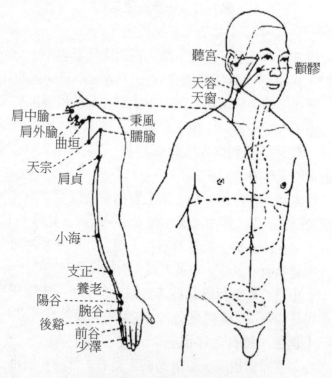

手太陽小腸經循行和腧穴示意圖

此式採用拳勢中「三換掌」一勢為功架（樁）行功貫氣。（圖1–13、圖1–14）

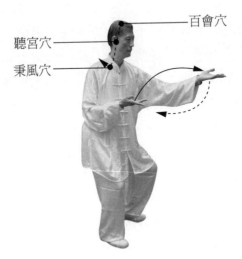

百會穴
聽宮穴
秉風穴

圖1-13　三換掌動勢

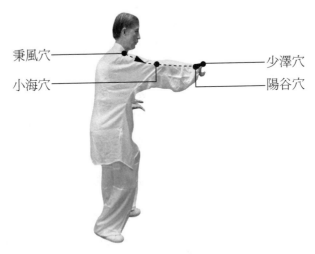

秉風穴
小海穴
少澤穴
陽谷穴

圖1-14　三換掌定勢

【功法】：

吸氣（丹田呼吸），用意念引丹田氣經會陰，過尾閭，內氣沿督脈上升至頭頂百會穴，見圖 1–13。

呼氣，內氣由百會穴下降，經面頰、眼角，至耳屏前聽宮穴。同時，拳架「三換掌勢」緩緩而動，周身放鬆，腰微左轉，塌腰坐胯，五趾抓地踏實；右掌順纏翻掌轉逆纏，經左手心上方向前推擠；同時，左掌拉回至胸前，成為「三換掌勢靜椿」。

內氣隨動作徐徐而行，沿手太陽小腸經下行進入鎖骨上窩繞行肩部的秉風穴，沿著前臂後緣，經肘部小海穴，腕部陽谷穴，達手小指尺側端的少澤穴，見圖 1–14。

「三換掌勢」成為靜椿後，繼續「以呼吸為功」向經脈中貫氣衝擊淤滯。呼吸方式、次數與第二式同。

手太陽小腸經循行內氣沿另一條支脈，在面部與足太陽膀胱經相連接。此處是意念引氣重點衝擊的穴位。

【養生、健身之作用】：

小腸是盛受食物的器官，有容納食物、消化食物，吸取營養物質的功能。小腸與心相表裏，心屬火，故稱小腸為丙火之腑，是臟腑之氣所經過留止的原穴處。手太陽小腸經貫通無滯，可治療耳聾、尿頻、目黃、咽喉腫痛和頷部、頰部腫脹疼痛以及肩外側疼痛、麻木、屈伸不利等症。

第八式　足太陽膀胱經貫氣法

足太陽膀胱經，起於內眼角上的睛明穴，終於足小趾外側趾甲角後的至陰穴，共有 67 個穴。（見足太陽膀胱經循行和腧穴示意圖）

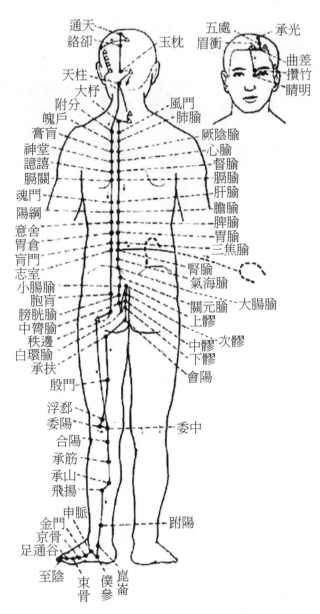

通天
絡卻
玉枕
五處
眉衝
承光
曲差
攢竹
睛明

天柱
大杼
附分
魄戶
膏肓
神堂
譩譆
膈關
魂門
陽綱
意舍
胃倉
肓門
志室
小腸腧
胞肓
膀胱腧
中膂腧
秩邊
白環腧
承扶
殷門
浮郄
委陽
合陽
承筋
承山
飛揚
申脈
金門
京骨
足通谷
至陰

風門
肺腧
厥陰腧
心腧
督腧
膈腧
肝腧
膽腧
脾腧
胃腧
三焦腧
腎腧
氣海腧
關元腧
上髎
中髎
下髎
會陽
委中
跗陽
大腸腧
次髎

束骨
僕參
崑崙

足太陽膀胱循行與腧穴示意圖

　　此式採用拳套中「閃通背」一勢為功架（樁）行功貫氣。（圖1-15、圖1-16）

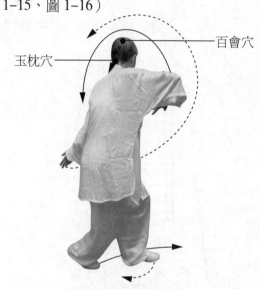

玉枕穴

百會穴

圖1-15 閃通背動勢

玉枕穴

承扶穴

承山穴

委中穴

至陰穴

圖1-16 閃通背定勢

【功法】：

吸氣（丹田呼吸），用意引丹田氣，沿任脈逆行而上，經腹、胸、頸至面部內眼角處晴明穴，向上達頭頂百會穴，見圖1-15。

呼氣，內氣由百會穴下降至腦後玉枕穴。同時，拳架「閃通背勢」緩緩而動，身體重心下降，腰微左旋，以左腳跟為軸，身體迅速向右後轉體；同時，右腳以前腳掌貼地向右後撤步弧行後掃半圈，兩腿隨之開胯圓襠屈膝下蹲，成為「閃通背勢靜椿」。

內氣隨動作徐徐而行，沿脊柱兩旁下行，經腰部入臀部承扶穴，順大腿後外側下行，經膕窩處的委中穴，小腿肚處的承山穴，達足小趾外側端至陰穴，見圖1-16。

「閃通背」一勢，在拳套中屬倒轉身法。內氣由任脈逆行而上，經頭頂、背部下行至臀部尾閭穴，形成內勁逆行，稱「通背」。此勢正符合足太陽膀胱經貫氣通背。

「閃通背勢」成為靜椿後，繼續「以呼吸為功」向經脈中貫氣衝擊淤滯。呼吸方式、次數與第二式同。

足太陽膀胱經循行內氣沿另一條支脈在小趾外側端與足少陰腎經相連接。此處是意念引內氣重點衝擊的穴位。

【養生、健身之作用】：

膀胱是代謝產生的污濁水液的貯存處，靠氣化功能而排出體外。膀胱與腎相表裏，腎屬水，故稱膀胱為壬水之腑。足太陽膀胱經貫通無滯，可治療小便不利、遺尿、尿血、頭痛、迎風流淚、鼻塞流涕、痔疾、瘧疾和項、背、腰、骶、臀部疼痛，以及下肢後側疼痛等症。

第九式　足少陰腎經貫氣法

足少陰腎經，起於足心湧泉穴，終於鎖骨下緣的腧府穴，共有 27 個穴。（見足少陰腎經循行和腧穴示意圖）

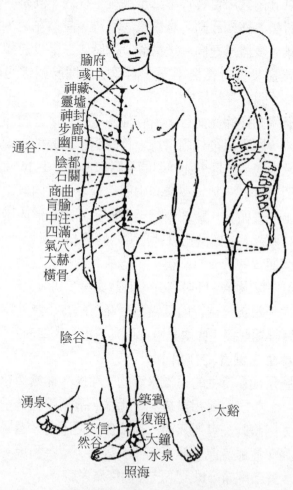

腧府
或中
神藏
靈墟
神封
步廊
幽門
通谷
陰都
石關
商曲
肓腧
中注
四滿
氣穴
大赫
橫骨

陰谷

湧泉
築賓
復溜
太谿
交信
然谷
大鐘
水泉
照海

足少陰腎經循行和腧穴示意圖

　　此式採用拳套中「青龍出水」一勢為功架（椿）行功貫氣。（圖1-17、圖1-18）

百會穴

腧府穴

圖1-17　青龍山水動勢

腧府穴

神封穴

橫骨穴

湧泉穴

圖1-18　青龍山水定勢

【功法】：

吸氣（丹田呼吸），用意念引丹田氣，經會陰，過尾閭，內氣沿督脈上行至頭頂百會穴，見圖 1–17。

呼氣，內氣由百會穴下降，經面部、頸部至鎖骨下緣腧府穴。同時，拳架「青龍出水勢」緩緩而動，上體向左擰旋，周身合住勁，腰脊右旋帶動雙臂突然發力，雙手對開，右拳像脫弦之箭逆纏向右前方以拳輪和前臂尺骨擊出，左手順纏同樣迅速收回，置於左腹間，成為「青龍出水勢靜樁」。

內氣隨動作徐徐而行，沿足少陰腎經下行，經胸部神封穴，下腹部橫骨穴，沿大腿、小腿內側下行，過內踝，達足小趾下端進入足心湧泉穴，見圖 1–18。

「青龍出水勢」成為靜樁後，繼續「以呼吸為功」向經脈中貫氣衝擊淤滯。呼吸方式、次數與第二式同。

足少陰腎經循行內氣沿另一條支脈，經肺部注入胸部與手厥陰心包經相連接。此處是意念引內氣重點衝擊的穴位。

【養生、健身之作用】：

腎是人的先天之本，是藏精氣之所。腎主水、藏精、主骨、生髓、司二便等生理功能。腎之精氣充足，則四肢蹻健，耐勞不倦，又能增進人的智慧和技巧。古人強調「節欲養生，固已有之元真」。如果恣情縱慾，就像油盡燈滅一樣，髓盡人亡；而補腎固元則可收到「添油燈壯，補髓人強」之功。足少陰腎經貫通無滯，就是「補腎固元」之法，可治療遺精、陽痿、月經不調、饑不欲食、頭昏目眩、口舌乾燥、腰背酸痛、下肢無力等症。

第十式　手厥陰心包經貫氣法

手厥陰心包經，起於乳頭外側旁的天池穴，終於手中指尖端中衝穴，共有 9 個穴。（見手厥陰心包經循行和腧穴示意圖）

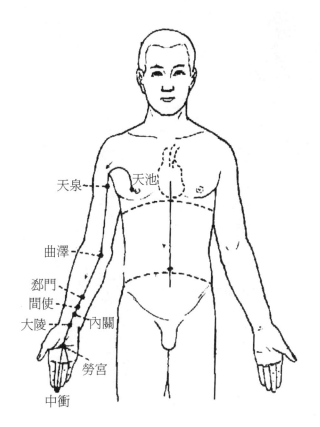

手厥陰心包經循行和腧穴示意圖

　　此式採用拳套中「初收」一勢為功架（樁）行功貫氣。（圖1-19、圖1-20）

【**功法**】：

　　吸氣（丹田呼吸），用意念引丹田氣，經會陰，過尾閭，內氣沿督脈上行至頭頂百會穴，見圖1-19。

　　呼氣，內氣由百會穴下降，經面部、頸部至胸中，出

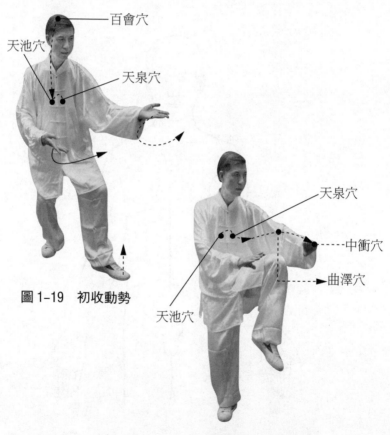

圖1-19　初收動勢

圖1-20　初收定勢

肋，達乳頭外側旁天池穴。同時，拳架「初收勢」緩緩而動，身體微右轉，重心全部落於右腿，左腿屈膝上提，高與腰平，獨立站起；兩手合住勁，意如老虎咬人，先束其身，隨即雙手向前下方伸展擠按，勁在掌根，成為「初收勢靜椿」，見圖 1–20。

內氣隨動作徐徐而行，沿手厥陰心包經上行抵腋窩天泉穴，順上臂內側下行，進入肘窩曲澤穴，經掌中循中指到指端的中衝穴。

「初收勢」成為靜椿後，繼續「以呼吸為功」向經脈中貫氣衝擊淤滯。呼吸方式、次數與第二式同。

手厥陰心包經循行內氣沿另一條支脈從勞宮穴通向無名指端，與手少陽三焦經相連接。此處是意念引內氣重點衝擊的穴位。

【養生、健身之作用】：

心包絡一經二名，一是從它的功能而言，手厥陰代替心的活動，故稱「手心主」；二是從經絡角度而論，則稱「心包絡」。醫家稱為「裏心之膜」，在人體中佔有重要地位。手厥陰心包經貫通無滯可治療心痛、心悸、心煩、胸悶、面赤、目黃、風疹、口乾、手心熱、上肢酸痛等症。

第十一式　手少陽三焦經貫氣法

手少陽三焦經，起於無名指末端的關衝穴，終於眉毛外側處的絲竹空穴，共有 23 個穴。（見手少陽三焦經循行和腧穴示意圖）

此式採用拳套中「小擒打」一勢為功架（椿）行功貫氣。（圖 1–21、圖 1–22）

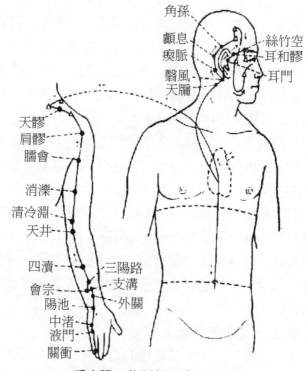

角孫
顱息
瘈脈
絲竹空
耳和髎
翳風
天牖
耳門

天髎
肩髎
臑會
消濼
清冷淵
天井
四瀆
會宗
陽池
中渚
液門
關衝
三陽路
支溝
外關

手少陽三焦循行和腧穴示意圖

百會穴
絲竹空穴
天髎穴

圖 1-21　小擒打動勢

百會穴

天髎穴

天井穴

關衝穴

圖 1-22　小擒打定勢

【功法】：

吸氣（丹田呼吸），用意念引丹田氣，經會陰，過尾閭，內氣沿督脈上行至頭頂百會穴，見圖 1-21。

呼氣，內氣由百會穴下降至眉毛外側絲竹空穴。同時，拳架「小擒打勢」緩緩而動，身體微右旋再左旋，隨即右腿屈膝提腳向左前方上步，重心前移，成右腿前弓步；同時，右手逆纏向左前推擠，左手逆纏交搭於右前臂上，成為「小擒打勢靜樁」。

內氣隨動作徐徐而行，沿手少陽三焦經上行，繞耳後下行至鎖骨上窩，達上臂外側天髎穴，順著上臂外側通過肘尖天井穴，沿臂外側過腕部、手背，達無名指側端關衝穴，見圖 1-22。

「小擒打勢」成為靜樁後，繼續「以呼吸為功」向經脈中貫氣衝擊淤滯。呼吸方式、次數與第二式同。

手少陽三焦經循行內氣沿耳後分出的一條支脈，在面部外眼角處與足少陽膽經相連接。此處是意念引內氣重點衝擊的穴位。

【養生、健身之作用】：

三焦是中瀆之府，有調節水氣運行、平衡表裏的作用。醫書上說：三焦就像國家江河水瀆的官員，疏通著人體周身的水道。上焦之氣就像彌漫的霧露一樣，揚灑於全身；中焦的精微就像綿綿的圓泡一樣，供養於全身；下焦的功能就像暢通的溝渠一樣，不斷地把穢汙之物排出體外。手少陽三焦經貫通無滯，可治療耳聾、頰腫和耳後、肩、臂、肘外側疼痛等症。

第十二式　足少陽膽經貫氣法

足少陽膽經，起於外眼角瞳子髎穴，終於第四足趾外側端的足竅陰穴，共有 44 個穴。（見足少陽膽經循行和腧穴示意圖）

此式採用的是拳套中「高探馬」一勢為功架（樁）行功貫氣。（圖 1-23、1-24）

【功法】：

吸氣（丹田呼吸），用意念引丹田氣，經會陰，過尾閭，內氣沿督脈上行至頭頂百會穴，見圖 1-23。

呼氣，內氣由百會穴下降至外眼角瞳子髎穴。同時，拳架「高探馬勢」緩緩而動，身體向左轉，重心移於右腿，左腳隨轉體向後撤步至右腳旁；同時，左臂屈肘收回至腰左側，右手轉臂順纏向前推出，成為「高探馬勢靜樁」。

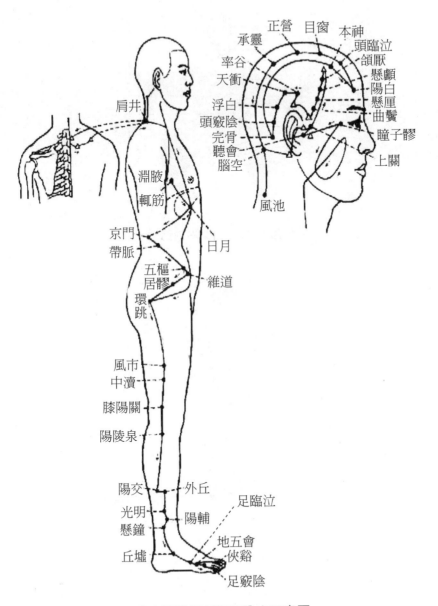

足少陽膽經循行和腧穴示意圖

瞳子髎穴

肩井穴

淵腋穴

環跳穴

百會穴

日月穴

維道穴

圖 1-23　高探馬動勢

環跳穴

維道穴

足竅陰穴

圖 1-24　高探馬定勢

　　內氣隨動作徐徐而行，沿足少陽膽經向上經額角轉耳後，其直行的脈向下過肩部肩井穴至腋窩下淵腋穴，沿側胸部下行，經腹部的日月穴、維道穴，達股骨大轉子部的

環跳穴，沿大腿、小腿中線下行達足跗部，進入足第四趾外側端的足竅陰穴，見圖 1–24。

「高探馬勢」成為靜樁後，繼續以「呼吸為功」向經脈中貫氣衝擊淤滯。呼吸方式、次數與第二式同。

足少陽膽經循行內氣沿著足跗分出的一條支脈，在足大趾端與足厥陰肝經相連接。此處是意念引內氣重點衝擊的穴位。

【養生、健身之作用】：

膽在人體中就像正直無私的大臣，許多正確地判斷都產生在這裏。大腸、小腸、胃、膀胱等腑都是貯藏傳導穢濁之物的，只有膽是個例外，它是貯藏清淨膽汁之腑。醫書上說：「膽實則精神不守，膽虛則煩擾不眠。」看來膽與精神、睡眠關係密切。足少陽膽經貫通無滯，可治療口苦、目眩、目淚、耳鳴、轉筋、失眠、肋痛、偏頭痛、腋下痛、面色灰暗和下肢外側酸痛等症。

第十三式　足厥陰肝經貫氣法

足厥陰肝經，起於足大趾外側端的大敦穴，終於乳頭下兩肋的期門穴，共有 14 個穴。（見足厥陰肝經循行和腧穴示意圖）

此式採用的是拳套中「披身捶」一勢為功架（樁）行功貫氣。（圖 1–25、圖 1–26）

【功法】：

吸氣（丹田呼吸），用意念引丹田氣，經會陰，過尾閭，內氣沿督脈上行至頭頂百會穴，見圖 1–25。

呼氣，內氣由百會穴下降，經面部、頸部、胸部側行

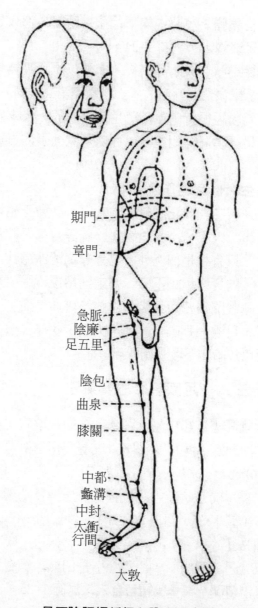

期門

章門

急脈
陰廉
足五里

陰包

曲泉

膝關

中都
蠡溝
中封
太衝
行間

大敦

足厥陰肝經循行和腧穴示意圖

百會穴

期門穴

圖1-25　披身捶動勢

期門穴
章門穴
急脈穴
曲泉穴

大敦穴

圖1-26　披身捶定勢

至乳下期門穴。同時，拳架「披身捶勢」緩緩而動，身微左轉，重心左移，左腿前弓，左腳踏實，右腿伸展虛蹬；同時，以身領右拳徐徐順纏至左肩前，左拳逆纏至左胯外側，成為「披身捶勢靜樁」。

　　內氣隨動作也徐徐而行，沿足厥陰肝經向下行，經側腹部章門穴至恥骨下外側急脈穴，順著大腿內側中線下行，穿過膝內側曲泉穴，再沿脛骨內緣直下，經內踝，達足大趾外側端大敦穴，見圖1-26。

　　「披身捶勢」成為靜樁後，繼續「以呼吸為功」向經脈中貫氣衝擊淤滯。呼吸方式、次數與第二式同。

　　足厥陰肝經循行內氣沿另一條支脈，向上注入肺臟，內氣在肺部與手太陰肺經相連接。此處是意念引內氣重點衝擊的穴位。

【養生、健身之作用】：

肝是人體耐勞的根本，又是藏魂之所。肝藏血，所以能生養血氣。「肝氣充方能養筋，筋實方能生心，肝氣上轄於目」。在人體中肝表現為陰陽調合的功能。足厥陰肝經貫通無滯，可治療胸滿、腹瀉、疝氣、尿閉、遺尿、腰痛、肋脹痛及婦女小腹痛等症。

第十四式　貫氣收勢

此功法，「收勢」一節一絲不可馬虎，太極內功是「有益於身心性命之學」。聖人言：「修身在於復性。」此言「運氣是以為修身復性之本」。而「收功」（收勢）則是「歸根復命，團陰陽為一」。因而，當「意念周天」貫氣收功時，應緩緩將內氣收入丹田，默默站立 3 分鐘。（圖 1–27、圖 1–28）

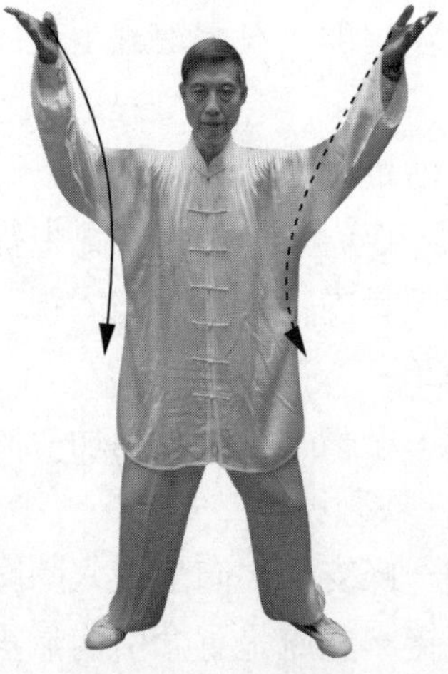

圖 1–27　收勢動勢

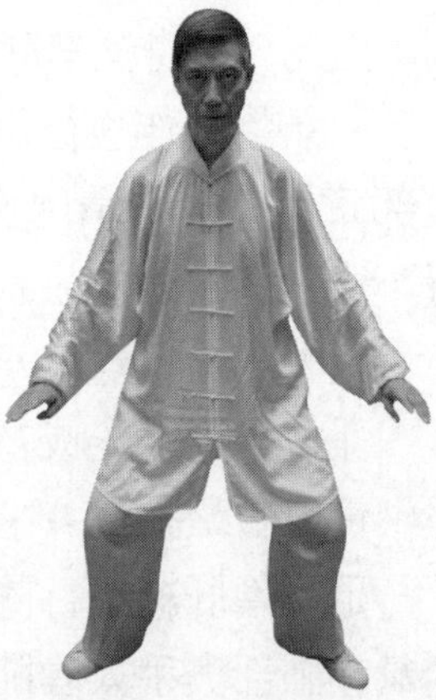

圖 1–28　收勢定勢

四、「大周天」真義論

「大周天」在武術中何用？其真義就是氣在意的指揮下，使氣通過十二經脈，達到運氣、用氣之目的。諺曰：「運氣貴於緩，用氣貴於急。」「拳打不見形，要在疾中疾。此中玄妙理，只在一呼吸。」

拳諺告訴我們武術內氣的運使過程，僅在「一呼吸」之間，這種「短暫過程」就是內功心法「大周天」的運行法，這也是「大周天」在武術中的真諦所在。正如拳家所言：「大周天」能融「精、氣、神」為一體，能做到「氣隨意發，意在氣中，氣中寓意，意氣制人，運用得當，收發自如」。

少林武術傳統將內功喻為「添油法」。云：「欲點長明燈，須知添油法。」意即欲想將內功的核心功法「大周天」掌握在手，首先要弄清「添油法」。

(一)認知十二經脈共同的循行規律

人體十二經脈，氣血循行有規、有序，每日以十二個時辰為準，氣血沿十二經脈循環一周。但是，十二經脈循行過程中有著一個共同的循行規律。即：手三陰經從胸部走向手指；手三陽經從手指走向頭部。足三陽經從頭部走向足趾；足三陰經從足趾走向腹胸。

這個共同規律，透過內功修煉，即成為「大周天」運使內氣「短暫過程」的通道。

（二）認知「大周天」手足三陰三陽 「一氣貫通，並行不悖」之理

　　武術內功運使方法，改變了內氣循行原有的規律和順序。當「大周天」貫通後，全身「百脈皆通，周身罔間」，內氣在體內可自由運行。在武術「內功運使」作用下，手足三陰三陽經內氣循行從胸至手指、從手指至頭、從頭至足趾、從足趾至腹胸這個共同規律發生了一項重大改變，即從「依經順序循行」改變為「三陰、三陽經並行」。這一改變就形成了武術內功的重要特點，運使「過程暫短」僅在「一呼吸」之間，這就是拳家所稱「疾中疾」之妙。

　　「大周天」內氣運使之法，以丹田為源，內氣經兩腎，出命門，達四肢，僅在「一呼吸」之間。拳論稱此為「行乎三節，現乎四梢，統乎五行」。陳鑫稱此為「一氣貫通，並行不悖」。

（三）認知掌握「運使之疾」，貴在苦練

　　煉氣之學以運使為效，而運使之效「貴於疾」。但「疾」不是自生自長的，而是靠勤學苦練而得。

　　運使之效，要想使「手腳快如風，疾上更加疾」，必須掌握「入手法門」。古拳譜云：「未習打，先練椿。」「椿功」即是「運使」入手法門。但此椿不是「靜椿」，而是「活椿」。以拳套中的「拳勢」為「活椿」，練習「大周天」運使之法。（圖1–29、圖1–30）

　　此圖是「掩手肱捶」一勢的蓄勁，也稱合勁。

圖1-29　掩手肱捶蓄勢　　　圖1-30　掩手肱捶發勢

　　吸氣，內氣沿手三陰經（兩肱內側），從手指經腋走向胸腹；同時，內氣沿足三陽經（兩股外側），從足趾走向頭部。

　　此圖是「掩手肱捶」一勢的發勁，也稱開勁。

　　呼氣，內氣沿手三陽經（兩肱外側），從頭部經肩走向手指；同時，內氣沿足三陰經從胸腹走向足趾。

　　這一吸一呼有訣竅著，古拳譜云：「提氣隨吸用，墜力隨呼出，此尤不可不知也。」「按其拳勢，習之日久，肩背之力，腰胯之力，腿足之力，自然貫通一體，勁道順達而整矣。」此稱為「單操」。

　　拳之起落開合，蓄發互變，要練成一氣，則須「時時操演，朝朝運化，持久堅持，氣疾自到」。繼而「大周天」運使之法，習之純熟，「則能三節明，四梢齊，五行閉，拳法疾」。遇敵好似火燒身，出拳僅在「一呼吸」。

訣曰：

循序漸進功夫長，日久自能聞其香。

只要功夫能無間，太極隨處見圓光。

「大周天」運使之法，「單操」演練之勢，拳套一路中有「金剛搗碓」「青龍出水」「野馬分鬃」等勢；二路中有「連珠炮」「裏鞭炮」「撇身捶」「劈架子」等勢。

五、「煉神還虛」，回歸無極

「煉神還虛」是武術內功追求的最高境界。佛家稱：「無相光中常自在。」道家稱：「羽化成仙。」儒家稱：「超凡入聖。」拳家稱此為「形歸無跡」。

歷代拳家認為「煉神還虛」乃是返還無極之原，以完本來之性體。拳論云：「蓋萬物之理，以虛而受，以靜而成，天地從虛中立極，靜中運機，故混沌開而闔闢之局斯立，百骸固而無極之藏自主，無不從虛靜中來。」因而，還虛之功「以虛靜為本」。虛則無所不容，靜則無所不應。太極拳「煉神還虛」須經以下三個階段。

(一)心意虛靜，物我兩忘

古人認為「煉神還虛」之法，「全以至靜為主，不動為宗」「不須用法依時其氣，靜極自然上朝」。這就是說，還虛不需用一呼一吸之術，即「一心主靜，萬緣俱息，外想不入，內想不出，終日混沌，如在母腹」，全「以虛而受，以靜而成，唯在對境無心而已」。

訣曰：

> 打破虛空消息路，我登彼岸不用舟。
>
> 煉神還虛千變化，撒手虛空見金身。

道家認為此階段功夫修煉很難，須經「三年乳哺，九年大定」方能煉神還虛。拳家稱此階段功夫為「內外五行」之修。

古拳譜云：「五行者，金、木、水、火、土也。內屬五臟，外屬五官。如心屬火，心動勇力生；肝屬木，肝動火焰沖；脾屬土，脾動大力攻；肺屬金，肺動沉雷聲；腎屬水，腎動快如風。此五行存在於內也。目通於肝，鼻通於肺，耳通於腎，口舌通於心，人中通於脾，此五行現於外也。故曰：「五行真如五道關，無人把守自遮攔。」因而，習功者須運氣將內外五行連而為一，五行順則五氣才能合而為一。

經云：「五氣者五臟之炁也，氣在炁穴之中，流通五臟之間。」於肺則為金炁，於肝則為木炁，於心則為火炁，於脾則為土炁，於腎則為水炁，是為五行之炁。當全身真炁發動，其炁升，五臟之炁皆升；其炁降，五臟之炁皆降，即降丹田之後，五氣合而為一。此其時，丹田五炁發生金光，現於目前，全身萬脈歸宗，陰陽之炁，化成純陽之光，似這個「〇」形，道家稱此為五炁朝元。五炁歸一，萬脈歸宗後，體內真炁即可隨意運行。

(二) 體勢虛靜，靜極生動

太極拳立論於太極學說「無極生太極」的宇宙生成

論。「煉神還虛」的內功修煉也必然經過「虛中立極，靜中運機，無不從虛靜中來」的過程。拳論云：「能動能靜，道之聖也；動而不靜，道之病也。」太極拳拳理明指：拳之每招、每勢、每個技擊動作，都是以靜到動的轉化過程完成的。內功修煉，從心意虛靜到體勢虛靜、從物我兩忘到靜極生動，這是形成「功」與「形」相結合而產生巨大武術力量的高級形態。拳論所云「先在心，後在身」就是此意，明白此理，才能理清太極拳的根本理念。

此階段功法，採用「以功為本，以拳為母，以推手為用」，三者緊密結合的修煉之法。

修煉方法：以定步雙推手為主，輔以活步雙推手。

修煉時，意在茫茫大宇，寧靜空寂，心不妄想，身不妄動，「則無所不應」。體悟「以神主行，以氣主動，動則至微」之訣要。此景如拳論所云：「靜中觸動動猶靜，動則歸靜靜歸無。」這種神凝、氣聚、形不散的練法，就是無形無象大道之修。

此「大道之修」是在「五炁歸一，萬脈歸宗」後，體內真炁隨意運行基礎上修煉的。正如陳鑫所云：「打拳皆隨天機動宕，莫非自然而然，活潑潑的太極原象皆從吾身流露。」又云：「打拳一藝，起初原無是術，一既有之，正不妨即其有，以造至無心成化，不著形跡，則有者仍歸於無矣。」

(三) 無形無象，還無極之初

「煉神還虛」至返還無極之初，是太極內功最高境界。拳家稱此為「形歸無跡」。

《授秘歌》頭兩句便是「無形無象，全身透空」。身空者指無內無外，內外一如與太虛同體，此為「太極混沌之煉」「返還無極之煉」。正如拳歌曰：

> 一氣旋轉自無停，乾坤正氣運鴻濛。
> 學到有形歸無跡，方知玄妙在天工。

此階段功夫，是在「心意虛靜」和「體勢虛靜」的基礎上，進行「內外虛空」返還無極的修煉。

當「內外」煉至「虛空」時，全身猶如無極之象——圓（即「○」形），身無其身，心無其心，虛無縹緲，空空洞洞，無內無外，周身內外已成渾圓一體。在這個無極圈內，充盈著真氣，好像是一個充滿氣的皮球一樣，外力不能碰撞，不能擊打，外力愈強，反彈力愈大。

此階段功法：以散手為主，輔以活步雙推手。

修煉時，要體悟「唯虛乃能容實」「唯空乃能道通」之訣要，切忌「力與力」「勁與勁」的對抗。要練習和體會「靜定中由無生有，氣隨意發，意在氣中，氣中寓功，意氣制人的方法」，讓來者問勁似空、身感浮氣拔根而起，如球碰壁，整體彈出。

此功練到「形歸無跡」時，真是有「天工」之「玄妙」。這個「無跡之形」綜合起來，具有七大形態，即：它有極高的觸覺，「一羽不能加，蚊蠅不能落」；它有極強的爆發力，「身如火藥，一動即發」；它有極快的速度，「蓄勁如張弓，發勁如放箭」；它有極好的靈敏，「動急則急應，動緩則緩隨」；它有極妙的化勁，「引進

落空」「四兩撥千斤」；它有極好的防禦能力，「全身都是手，挨著何處何處擊」；它有極準的預測，「人不知我，我獨知人」。真是「變化無方，神鬼莫測」，威力無窮，玄奧淵博皆在其中。一言以蔽之，達到「出神入化，登峰造極」之境界。

拳歌曰：「腳踢拳打下乘拳，妙手無處不渾然。任他四圍皆是敵，此身一動悉顛連。遭著何處何處擊，從心所欲莫非天。總是此心歸無極，煉到佛家兩朵蓮。」

這就是陳鑫稱之謂的「妙手」。

這樣的「形」，陳鑫有詩贊曰：「神穆穆，貌皇皇，氣象混沌，虛靈具一心，萬象藏五蘊。寂然不動若愚人，誰知道陰陽結合在此身。任憑他四面八方人難近，縱有那勇過人，突然來侵，傾者傾，跌者跌，莫測其神。且更有，去難去，進難進，如站在圓石頭上立不穩，實在險峻，後悔難免隕。豈有別法門，只要功夫純，全憑一開一合，一筆橫掃千人軍。」

此功，修煉者須細心揣摩，日久自悟。陳鑫云：「能與人規矩，不能使人巧，舉一反三在學之者，不可執泥，亦不可偏狃。」

第二章
太極拳四大要論

一、論太極拳拳理源於「無極」

古今太極名家在其拳論中常引用這樣兩段話,「太極者,無極而生,陰陽之母也」;「無極而太極,太極動而生陽,動極而靜,靜而生陰,靜極復動,一動一靜,互為其根」。

同時拳家往往還配上太極圖,藉以闡述拳理、拳法,認為:「易者也,包羅萬象者也。」而其扼要之哲理,不出太極一圖。太極拳所言陰陽、虛實、剛柔、動靜、開合無不含於此圖中。

太極拳在內功修煉和拳術練習中,運用太極圖說明拳理、拳法的其流傳式樣多種多樣。

(一)古太極圖

一種稱為「古太極圖」的式樣,它出現得較早,是一種宏觀的模式。(見太極圖之一)

此圖如在周圍配上八卦的各卦

太極圖之一

分佈，即為「太極八卦圖」。圖中所示：圖中黑的部分為陰，白為陽，兩條陰陽魚代表了生生不已的運動；白中有黑點，黑中有白點，表示陽中有陰，陰中有陽。中間「S」形線為太極線，象徵平衡和諧的狀態；兩陰陽魚環成一圈，表示陰陽共處一體，互相生成，互相克制，互相轉化，此圖又俗稱「雙魚形圖」。

有詩云：

太極中分一氣旋，
兩儀四象五行全。
先天八卦渾淪具，
萬物何嘗出此圖。

其實，此圖藉以表達太極拳理、拳法有一定的局限性。有的拳家認為：「除可表明雙搭手時陰陽、虛實、盈縮、進退外餘無可取。」

（二）周氏太極圖

另一種太極圖式樣為「周氏太極圖」。「其圖所具之理甚奧，幾盡可為太極拳者所取法焉」。此圖也稱為「無極圖」。（見太極圖之二）

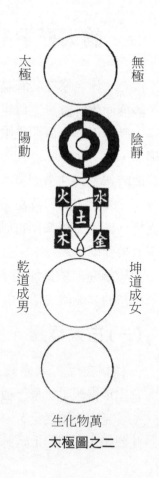

太極　無極

陽動　陰靜

乾道成男　坤道成女

生化萬物

太極圖之二

　　周氏太極圖是宋代著名學者周敦頤根據陳摶所傳的無極圖和道教的太極先天圖修訂而成，並作有《太極圖說》加以說明。

　　此圖詳細描述了萬物生成、發展的過程及內在規律，其中揭示的人體內部的運動機制，為古今拳家建立太極拳理論所借鑒。

　　此圖共分五層：

　　第一層，圓形。表示「無極而太極也」。其中心泰然，抱元守一，作虛空相，可謂無極也。其意示天地未開，陰陽未分之茫茫宇宙。而動靜、陰陽、剛柔、進退已悉具其中，實萬有之母也。體現在太極拳上，即拳勢未始之時，抱元守一，渾然無物中始孕育著陰陽變化和太極拳勢的獨有特徵「圓」。

　　第二層，中分圓形為二，陰陽、虛實各得其半。此為「易有太極，是生兩儀」。「兩儀」者，即指「陰陽」也。太極拳動靜、剛柔、進退、虛實、開合等，可概言「陰陽」二字。拳論說：「太極兩儀，天地陰陽，開合動靜，柔之與剛。」此喻拳之柔中隱剛，動中守靜，互為其根也。

　　第三層，五行，火、水、木、金、土也。五行結構為宇宙構成萬物發展變化的普遍規律，使世界上所有事物都按五行規律運動。五行之間具有相生相剋關係，其內涵：「水潤下，火炎上，木曲直，金從革，土稼穡。」喻太極拳之五步（前進、後退、左顧、右盼、中定），就其陰陽互變而言：如水根於陽，火根於陰，喻進極思退，退極思進；木性曲直，金性從革，喻拳運勁時屈伸、開合、粘

走、隨抑；土性稼穡，萬物生於土，而位又居中，喻其中定不離位也。太極推手時，喻掤、捋、擠、按，互為生剋。

第四層，圓形。喻人，乾道成男，坤道成女。此層為「無極圖」的核心內容，是道家內丹理論的主要觀點「順者生人，逆者成仙」。喻逆呼吸是太極拳「煉精化氣，煉氣化神，煉神還虛」，打通「大小周天」的不二法門。

第五層，圓形。喻物，萬物化生。言無極二五，聚則成形，感而遂通，化生萬物。即老子所言：「道生一，一生二，二生三，三生萬物。」

何為道，謂曰無極；何為一，謂曰太極；何為二，謂曰陰陽；何為三，謂曰三才，為之上、中、下是也。人，生於天地之間，人、天、地三者合一，即為三才。其揭示萬物生成、發展過程及內在規律，故拳之所以曰太極，其內涵是以天地運化之機來揭示人體內部的運動機制。正如古人所言：「動而生陽，靜而生陰。立天之道，曰陰與陽。立地之道，曰柔與剛。」陰陽剛柔之分處，即動而生陰陽，靜而生剛柔。

(三)太極拳拳理源於「無極」之原因

從宋人周敦頤所畫的太極圖證實，太極拳拳理源於「無極」，其因至少有三個方面：

其一，古人用一「中空圓圈」表示「無極」，正好符合太極拳的基本特徵——「圓」。太極拳動勢、成勢之時非圓即弧。

「無極」，即示天地未開，陰陽未分，混混沌沌之宇

宙。體現在太極拳上，在拳勢未始之時，心靜如水，抱元守一，渾然無物，而身體內部卻孕育著陰陽變化。可以看出太極拳圓與弧的連綿，大圈小圈的變化，均是「無極」的形象體現，其源來自那個「中空之圓」。陳鑫說：「無非一圈一太極」，「不明此，即不明拳」。

其二，「陰陽學說」是太極拳的理論基礎。拳論云：「練拳之道，開合二字盡之，一陰一陽之謂拳，其妙處在互為其根而已。」

天地是一大宇宙，人身是一小宇宙。「天地之機，在於陰陽之升降，一升一降，太極相生，相生相成，周而復始，不失於道，而得長久。天地行道，萬物生成」。此謂「一陰一陽謂之道」。萬物都是由一陰一陽的變化而產生。

而人的內部運動機制也離不開陰陽。《黃帝內經》言：「天地合氣，命之曰人，人生有形，不離陰陽。」

太極拳根據「陰陽運化之理」，太極每一勢，陰陽無不存乎其中，或上或下，或左或右，或偏或正，或前或後，全體身法無不俱備。其動則生陽，靜則生陰，一動一靜，互為其根，是所謂「陽中有陰，陰中有陽，此即太極拳之本然」。

太極拳的動靜、剛柔、進退、開合等都是陰陽變化的表現，這在太極圖之陰陽互動、五行相交中均能找到答案。例如：五行之中水屬陰，火屬陽，水柔火剛，故太極拳之「剛柔相濟」與道家內丹「心腎相交」是相通的。

其三，道家修煉的最高境界是「虛無」「回歸無極」，太極拳的最高階段是「形歸無跡」，兩者殊途同

歸。

道家煉丹術的核心理論是「順者成人成物，逆者成仙成佛」。煉丹之途須經「煉精化氣，煉氣化神，煉神還虛」三個階段。道家認為「還虛者復歸無極之初，以完本來之性體」。而太極拳從初級到高級階段，也完全是經過「煉精化氣，煉氣化神，煉神還虛」方可達到「形歸無跡」的最高層次。拳家認為，大道無形無象，一切生於無，一切又歸於無，有了「無」，其作用是無盡的。所以拳論云：「太極之理，發於無端，成於無跡，無始無終。」太極拳練到最高層次，猶如道家「還虛」，以一個「○」形象形之。因而拳論言其狀「一羽不能加，蠅蟲不能落。人不知我，我獨知人」「全身處處都是拳，挨著何處何處擊」。這就是太極拳家終身追求的「拳無拳，意無意，無意之中是真意」的最高境界。

「拳雖小道，所謂即小以見大者」矣。

二、論拳勢呼吸法

「無氣不為功，無功不成拳」。氣、功、拳以呼吸為紐帶連接成為一個整體，不可分，不可離。拳經云：「拳為有形，氣為無形。法是拳，理是氣。法中之吞吐，為有形之行拳；理中之吞吐，為無形之行氣。」「一呼一吸謂之拳。」拳經歌曰：

拳打不見形，要在疾中疾。
此中玄妙理，盡在一呼吸。

從氣、功、拳三者之間的關係可見呼吸的重要性，呼吸問題的研究與探討在太極拳運動中是一個大問題。呼吸與氣的關係、呼吸與內功的關係、呼吸與拳的關係，這幾種關係均能在拳勢呼吸上體現出來，因而所研究、探討的「呼吸」，稱之為「拳勢呼吸法」。

「拳勢呼吸法」之內含，是指太極拳行拳走架時，「合、虛、蓄、收、化」等動作為吸氣，「開、實、發、放、打」等動作為呼氣。運用在意念指導下的呼吸，能「調身法、疏經絡，充內氣、通周天」，有強健內臟器官功能、增強人體抗擊打能力和提高武術動作爆發力的作用。

諺曰：「學拳先學理，理通拳自明。」研究、探討拳勢呼吸法，應首先要弄清拳勢呼吸法之理論根據。

我們平素打拳，常常會遇到這樣一種情況：一個習拳者，練拳十年、二十年，往往體內感覺不到內氣的鼓蕩和循行，也更談不上打通「大小周天」了。這正如拳諺所云：「練拳不練功，到老一場空。」

究其原因，是不懂呼吸之術所致。如果一個習拳者，幾十年如一日，打拳只用一種自然呼吸方式，這是不能產生內功的。按照道家所言：自然呼吸屬「順呼吸」，即吸氣時小腹凸起，呼氣時小腹凹下。此稱「順者生人」，屬「人道」。「順者」，不能「煉精化氣」，當然內功也就無從可言。

太極拳修煉和內功修煉是一樣的，分層次、分階段。從某種意義上講，拳架是內功修煉的「活樁」。太極拳每個層次、階段，採用的呼吸方式也是不同的。陳鑫按照

「陰陽說」將太極拳從初級階段到高級階段分成五個層次，即「根頭棍」「散手」「硬手」「好手」「妙手」。

「拳勢呼吸法」研究之重點，是太極拳在每個層次、階段採用「不同之呼吸方式」。

(一)太極拳第一層功夫「熟練拳架」階段，呼吸方式爲自然呼吸

拳經曰：「拳者，權也」，「一陰一陽謂之拳，其妙處在互爲其根而已」。意即是說，打拳過程中要使身體像一台天秤，隨時保持陰陽平衡。學拳初始，學者，因拳套不熟，動作起來不協調，運動不成體系，拳勢不到位，身上存在 4 種不正確的勁，即「僵勁、斷勁、頂勁、丟勁」。所發之勁，是從一個動作躍到另一個動作的「零斷勁」。故陳鑫稱此謂「一陰九陽根頭棍」。同時，行拳時呼吸也配合不好。習拳者往往呼吸不暢，氣湧胸際，甚至有些習拳者呼吸急促，胸悶憋氣。即便練拳一年半載，呼吸問題也未弄明白。

這一階段在太極拳修煉中稱爲「熟練拳架」階段，要經「學拳套、正拳架、掌握呼吸」的過程。「拳勢呼吸」問題是本書闡述之重點，其他功夫不贅述。

打拳如何使呼吸不急促、不憋氣、不氣湧胸際？

拳經曰：「太極求大道，乃純任自然。」行拳貴在「靜」，一呼一吸均要符合自然，也就是平常生活中怎樣呼吸便怎樣呼吸。「熟練拳架」階段，因身體不協調、陰陽不平衡，呼吸問題也就成爲重點解決的問題。

拳經所云：「一呼一吸均要符合自然。」這就是現在

所稱之的自然呼吸。其要領是：行拳時，要舌抵上腭，用鼻呼吸，吸氣呼氣要掌握「輕、慢、細、勻」。正如陳鑫所云：「打拳以調養氣血，呼吸順其自然，掃除妄念，卸淨濁氣。先定根基，收視返聽，含光默默，調息綿綿，操固內守，注意玄關。」在掌握呼吸要領基礎上逐漸與行拳動作配合好。

呼吸如何配合拳勢動作，古今拳論、拳家都有很多論述，其中太極名家陳炎林所言極詳。他說：「大抵在盤架子時，收手為吸，出手為呼；升為吸，降為呼；提為吸，落為呼；合為吸，開為呼；動作轉身及各式過渡之時，為小呼吸。小呼吸者，即呼吸不長，又呼又吸，而含有稍停息之象。」諸如此類，等等。行之熟練，自然而然，人體與拳勢、拳勢與呼吸、呼吸與動作就能合一，絕無氣湧胸際、憋氣之感。

此階段，學會拳套，大體用 3 個月時間；「熟練拳架」，每日十遍拳，大體用半年時間；掌握拳勢呼吸和拳勢正架尚需 2 年時間。此階段後期，拳勢呼吸應逐漸向逆呼吸過渡。

(二)太極拳第二層功夫「疏經引氣」階段，呼吸方式爲逆呼吸

拳論云：「氣者，生之本，經者，氣之路，經不通則氣不行。」太極拳進到第二階段，身體的僵勁、掘力慢慢消退，身體也逐漸柔起來。但因「經不通、氣不行，還不能以氣運身」，行拳時往往產生「腿慢，手快，身不隨」等散亂現象。故陳鑫稱此謂「二陰八陽是散手」。

「疏經引氣」階段，其目標即是引內氣打通任督二脈。道家稱此為「煉精化氣」，通「小周天」。此時，呼吸方式由自然呼吸逐漸過渡到逆呼吸。

「逆呼吸」為通「小周天」之不二法門，屬「天道」。道家認為「逆者，成仙成佛」。逆呼吸可引氣逆行，「煉精化氣」打通任督二脈。其法：吸氣時小腹內收凹下，膈肌上升，氣聚於胃部；呼氣時小腹凸起，膈肌下降，聚於胃部之氣，一部分下入丹田，另一部分由鼻呼出。在與拳勢結合上，「合、蓄、收」為吸氣，「開、發、放」為呼氣。

打拳時，逆呼吸欲與拳勢配合好，關鍵處要調整好身法，「尾閭中正，神貫頂」是逆呼吸之訣要。其法：腰胯放鬆，尾閭根前送，會陰內收，臀部內斂，小腹托起，襠部吊起，內氣自然逆行。行拳日久，柔順之勁油然而生；日積月累，丹田內氣充足。逆呼吸配合拳之一招一式，一開一合，內氣上下鼓蕩，在意念引導下，內氣自然而然逆行沖貫督脈。而後，提擎周身，神貫於頂，意氣自然上下通達，「小周天」通矣。此術古拳譜中稱為不傳之秘。少林名此為「丹田提氣術」。

「疏經引氣」不是一蹴而就之功，如不得法，打拳十年、八年任督也不得通。「學太極拳，著著當細心揣摩。一著不揣摩，則此勢機致情理終於茫昧」。「疏經引氣」階段，需經掌握逆呼吸之法、引氣之法、通絡之法，冬練「三九」、夏練「三伏」，並堅持有恆，三個春秋，始得問津。

(三)太極拳第三層功夫「內外相合」 階段，呼吸方式爲丹田呼吸

學太極拳，不可不明理，作為一般的拳法，只能起到鍛鍊身體、運動身體而已，難以問津太極功夫。究其根源，是「其內裏功夫，則在經絡氣運行」，如「不能一氣貫通則於太和元氣終難問津」。

太極拳進入第三層功夫初期，一氣尚未貫通，內外尚未相合，故陳鑫稱此為「三陰七陽是硬手」。並云：「打拳行到此地，注意不可散，功不可停，一散一停，丹不成矣。」練拳至此階段，從「內裏功夫」上講，是由「意念周天」演化為「經絡周天」階段，也就是疏通十二經脈，一氣貫通「大周天」。

拳勢呼吸之術，也由「逆呼吸」逐漸轉化為「丹田呼吸」。呼吸如何配合拳勢，一是要掌握「丹田呼吸」的方法，二是行拳之時「求靜」。

「丹田呼吸」，有的稱為「內呼吸」，其實行拳時表現為「綿綿若存，用之不勤」，這種狀況「尚屬氣息調養運行」，也就是說還沒有完全離開肺呼吸。這是因為「丹田」不是人體的一個器官，而是人體的一個部位。古稱丹田在臍下一寸三分處，即在下腹部少有骨骼的部位。道家稱此為「煉精化氣」之所，是先天氣之「爐」。

丹田呼吸運動方式，主要靠腹肌、腹腔、胃腸、會陰以及相互連接的骨骼、器官之能動性。加之「以心行氣」「以氣運身」，氣在穴內鼓蕩，使內氣在腹部能起伏、能上下、能聚散、能旋轉、能快慢。

馬虹先生稱此為「小小周天」。他說：「內氣由肚臍而下至丹田，再下至會陰，再後上至命門，再從命門穴到肚臍，形成一個『小小周天』。呼氣時，略凸腹（小腹）任脈之真氣沉歸丹田，經脈之氣部分發放，部分循任脈沉入丹田；吸氣時，略收腹，氣從會陰後提升命門，形成氣貼命門、氣貼脊背，呼時再力發脊背，同時小小周天其氣不斷循環。」

打拳時，丹田呼吸趁著緩和的拳勢動作鼓蕩；而緩和的拳勢動作趁著丹田呼吸的鼓蕩而開合。配合的要自然而順遂，頭腦要虛靜，一靜則氣動。四肢是梢節，不可自動，以意為主使，以氣來牽引，無論伸縮開合，無論收放來去，都要以意氣的牽引為主動，由腰脊來領動，凡一切動作必須將「心、意、氣」一起融入拳勢之中。由內達外，形於內，「心與意合，意與氣合，氣與力合」；形於外，「手與足合，肘與膝合，肩與胯合」。練功日久，自然內外相應相照，內氣收斂入骨，通於經脈，鼓蕩周身，達於肌膚，內勁自通。「此即太極拳之本然」。

拳勢呼吸法，不能理解成「絕對」和「統一」的呼吸表。太極拳雖然分層次、階段採用不同的呼吸方式，但每一個呼吸方式之間都有一個學習、掌握的過程，不是截然分開，又何況每一階段須經幾年時間。而且每個人的技能和理解不同，呼吸是無法要求一律的。同時，特別在太極拳高層次階段的呼吸方式，均要採用自然呼吸、逆呼吸為輔助呼吸加以過渡調節，這樣才能保證呼吸與動作結合的自然順遂。

（四）太極拳第四層功夫「周身一家」
階段，呼吸方式為胎息（臍息）

練拳進入第四層功夫，武術技能已具有較深的造詣，陳鑫稱此階段謂「四陰六陽顯好手」。四分陰、六分陽，陰陽接近平衡，當然稱之為好手。陳鑫還以「從大圈、中圈、小圈、小小圈到無圈」形象比喻太極拳五個階段的運動規律。如果說太極拳的第二層功夫到第三層功夫即為「中圈」至「小圈」的階段，而第四層功夫就到了「小小圈」階段了。

陳鑫言圈，其真正含義不是指外形手足運行軌跡，而是指內氣運行。陳鑫明言：「圈是周身轉，不但手足，而手足在外易見，故以手轉言之。」

研究拳勢呼吸，必須從每個階段的內功去剖析。陳鑫所言：「圈是周身轉。」無疑是指內氣循十二經脈運行的「大周天」。圈越大，內氣運行時間相對要長，速度相對要慢。而武術氣功的特點正相反。「拳打不見形，要在疾中疾」。內氣運行要求要「快」。解決「快」的問題，欲從何入手？拳諺明指：「此中玄妙理，盡在一呼吸。」因而要從呼吸入手研究探討。

「周身一家」階段所用何種呼吸？古拳譜中已明示：「習拳必先運氣。運氣之初，自命門達肢體，由臂使臂，由臂使指。若逆行之，其氣不去來丹田，藝無由進，故一節偶動，則全身力至，如氣球走馬一般，中有熱力旋轉，徹上徹下，任外界之千搖萬動，其主乃然自如。唯其中二氣之真，既胎息之。」

文中所言「一節偶動，則全身力至」，此即「周身一家」之述；「唯其中二氣之真，即胎息之」，明示「周身一家」階段，所用呼吸方式為「胎息」，即「臍息」。

「臍息」，這種呼吸方式叫先天生態，也叫「胎息」。如胎兒在母腹時先天生態情景。胎兒不以肺為呼吸系統，而以肚臍呼吸，引動丹田先天之氣流動，再推動氣血，循行十二經脈，週而復始於全身，來維持生命。道家認為：「人在母胎時叫做太極（半陰半陽相合），是性命合一（乾坤陰陽合一），生命之根集中在肚腹部位，以『綿綿若存，用之不盡』這種先天生態方式而生存。」

「先天生態在臍帶切斷後，即告結束，這時陰陽分開、性命分開，即《易經》所說的乾為首，坤為腹，胎兒的『胎息』系統即告閉塞。從此後天生命開始，新生兒改變成以肺為呼吸到橫膈膜為止的後天生態的呼吸，不再到達腹部」。

太極拳練至「周身一家」時，內氣運行已不再是嚴格意義上的道家「經絡周天」。道家「經絡周天」是內氣循經而行，而此時內氣一反循經而行之規律，而是根據拳勢之要求，時而上行，時而下行；時而順行，時而逆行；時而左行，時而右行；或上下、左右、順逆並行。這就是有的當代太極拳名家反對呼吸與周天功結合的問題所在。這一「內氣亂行」，古拳譜中稱之謂「氣分路」。這是拳勢呼吸之高級階段。

「氣分路」，非「臍息」不能完成。「臍息」吸氣直入丹田，引動五臟之氣下入丹田；呼氣，內氣經兩腎，出命門，達四肢。正如陳鑫所云：「出腎入腎是真訣。」並

明指「人之一身，以腰為界，氣往上下行，中間以腰為界」。「腰以上氣往上行，腰以下氣往下行，似上下兩奪之勢，其實一氣貫通並行不悖」。這就是「唯其中二氣之真，即胎息之」。

臍息與拳勢配合上表現為「以心（意）行氣，以氣運身」「氣由丹田發起」。其法：「心氣一領，丹田氣上行，六分至心，又一分為二，三分上行至左肩，三分上行至右肩，皆是由肩骨縫中貫到左右指頭，其在骨縫中者謂之中氣，其形於肌膚者謂之纏絲勁；其餘四分，亦為兩股，二分行於左股，二分行於右股，皆是由骨縫中貫至左右足趾」（陳鑫語）。

「臍息」掌握之法，練拳以「靜」為主，同時，還需以靜樁配合掌握功法。「臍息」練至「呼吸通靈，周身罔間」之時，便會「五行（五臟）之氣歸一」。此時「萬脈歸宗」，手足三陰、三陽經內氣並行不悖。拳經稱此為「一氣貫通，並行不悖」。古拳譜云：「如果五行順一氣，放膽即成功。」意思是說，「五行之氣」爆發力「如火焰、如飛箭、如沉雷、如大力、如快風」。「其神化不可以方物，其力量不可以計數。故無論萬眾奔突，一觸便倒，豈僅敵一二人已哉」。

(五)太極拳第五層功夫「形歸無跡」階段，呼吸方式為體呼吸

拳論云：「太極之理，發於無端，成於無跡，無始無終。」太極拳練至「形歸無跡」時已至太極拳最高境界。猶如道家內丹術「煉神還虛」。道家認為：「還虛者復歸

無極之初，以完本來之性體。」拳家也認為：「大道無形無象，一切生於無，一切歸於虛。有了『無』，其作用是無盡的；有了『虛』，虛則無所不容，虛則無所不應。」

太極拳進入「形歸無跡」階段，練拳「內外一如與太虛同體」。拳勢動作完全「以神主行，以氣主動」。人之感覺「靜中觸動動猶靜，動則歸靜靜歸無」。這種「身無妄動，心無妄想，由內氣發動之動，動而歸靜」的練拳法，就是「大道至無之修」「太極混沌之煉」。這種「神主行，氣主動」的大道之修，必然是元神歸位，所練出的功，也必然是後天返先天，以完無極本來之性體；周身內外必然成為渾圓一體，猶如無極原象——圈「○」形。正如陳鑫所云：「練過十年以後，周身混沌，極其虛靈，不知身之有我，我之為身，亦不知神自氣生，氣自有神。」這種「拳無拳，意無意，無意之中是真意」，正是拳家終身追求之境界。

「太極混沌之煉」「大道至無之修」的呼吸問題，古人有多種說法：有的認為「臍息」，有的認為「踵息」，有的認為「龜息」，有的認為「體息」。晉代葛洪云：「胎息能不以口鼻噓吸，如在胞胎中，其道成矣。」《莊子》則云：「真人之息以踵。」宋代蘇東坡卻認為是「體息」，云：「一息自注，不出不入，或覺此息從毛竅中八萬四千雲蒸霧散。」

從中醫學理論解析，太極拳「形歸無跡」階段，呼吸方式必然是「體呼吸」。只有「體呼吸」才能實現「體內外無圈」，「形」才能「無跡」。中醫理論認為：肺主氣，司皮毛的開合；足太陽膀胱經主一身之表，司氣化，

也司皮毛的開合；認為皮膚毛孔則是人身氣化的門戶。這一理論從氣功鍛鍊的實踐中得到證實。氣功（內功）鍛鍊能強化體表的呼吸功能，一旦從體表進入體內的氧氣與丹田呼吸相結合，皮膚、穴竅的呼吸作用便會強化。引丹田發動，元氣流動，再推動氣血，沿十二經脈的循行路線，週而復始的循環周身。這種呼吸方式正是「太極拳混沌之煉」所需要的。

太極拳當練至「心中不裝一物，清淨無為，全身圓融無礙，內外如一」之時，自然全身毛孔、穴竅張開，內外氣體交融，氧氣進入體內，二氧化碳排出體外，實現了「一息自注，不出不入」體呼吸之功能。可想而知，全身八萬四千個毛孔張開吸進氧氣，引丹田真氣達四梢，人體豈不成「氣球」狀。

至此，拳術功夫已達「出神入化、奧妙無窮」之境，內氣已達皮膚之外，毫毛之間，外力越強，反彈力越大。正如拳經所云：「身如火藥，一觸即發。」「全身無處不是拳，挨著何處何處擊。」「一羽不能加，蠅蟲不能落；人不知我，我獨知人。」陳鑫有詩云：「唯有五陰並五陽，陰陽無偏稱妙手。妙手一著一太極，空空跡化歸烏有。」這種「神穆穆，貌皇皇，氣象混沌，虛靈具一心，萬象藏五蘊」之景況，不正是拳家終身所追求的「形歸無跡」之境界嗎！

「拳雖小道，所謂即小以見大者矣」。

至此，有人要問，此功幾時能練成？其實陳鑫早已明言，他說：「拳家以躬行為主，但先難而已，不可預期後獲。妄念橫胸，拳藝不能長進。」「但以目前粗疏者言

之，大成則九年，小成則七年，至於精妙，亦終身不盡之學。」

三、論太極拳成勢人體各部位之規矩

古人說：「演拳之法，總要講明，學之不講，只是猶食而不知其味者也，雖多亦奚為！演拳之法，雖經師講，尤須自參。蓋拳中之理千變萬化，層出不窮，必觸類旁通，聞一知十，方能自善其用。」陳鑫也說：「今之學者，未用功先期效，稍用力即期成。」並引用前賢云：師者，「能與規矩，不能使人巧。」這就是說練太極拳是不能取巧的，是一個持之以恆的過程。「小成則三年，大成則九年，至九年之候，可以觀矣。抑至九年之後，自然欲罷不休，蒸蒸日上，終身無駐足之地矣」。因而學拳者首要的問題是弄清太極拳的種種規矩。

太極拳盤架走勢，都是嚴格按照規矩對人體周身各部位進行形體組合，因而學者弄清對周身各部位的具體要求顯得十分重要。目前，太極拳流派甚多，風格各異，規矩各有不同，此書謹就從太極前賢和前輩之拳理、拳架學習所獲，對人體各部位之規矩闡述一斑。

古拳譜將人體各部位稱之為「周身秘訣十二項」，而太極拳也有著自身的特點。如在拳論中，對肘、襠、胯、肱等部位，就有著嚴格的要求，在這裏借古人之言，將人體各部位歸納為「周身秘訣十六項」。

（一）頭　部

「頭者，身之魁，直豎而若頂千斤，不可抬高，不可俯視，向左則略顧左，向右則略顧右，隨身法以相應」。太極拳譜要求「虛領頂勁」即是頭頂勁向上虛虛領起，保持立身中正，不能歪頭，前後左右不可過，過則僵滯。

陳鑫言其規矩：頂勁領起來，乃是中氣上提。若有意若無意，不輕不重，似有似無，心中一點忽靈，勁流注於後頂，不可提過，亦不可不及。提過則上懸，不及則氣留胸中。

頭之大腦為中樞指揮部，指揮身體各部位協調一致。太極拳所指「心」「意」「念」俱在此，為令，為帥。陳鑫說：「其樞紐在一心。心主乎敬，又主乎靜，能敬而靜，自葆虛靈。」「心之所發為之意，其一念之發，如人平心靜氣，則手法、身法自然端正。」「而後百骸所形自然中規中矩。」

（二）眼　部

「眼者，身之主，宜精神注射，破敵全憑之」。古拳譜曰：「百拳之法，以眼為綱。」又曰：「如天上有日月，對敵時，或開或閉，或虛或實，或高或低，俱要一眼觀定，然後進破。」故先賢曰：「由諸心，而發諸手，眼為尊焉。」

打拳盤架時，眼要平視，不能低頭，眼隨手注。陳鑫說：「打拳之時，眼不可斜視，必隨手往還。」陳鑫為說清「隨手往還」之意並舉例以佐。他說：「如打懶紮衣，

手到頭，眼亦到頭，注於中指角上，不可他視。」「打單鞭，眼注於左手發端處，隨注左手，徐徐而行。至單鞭打完，眼即注於中指角上，不可妄動。」「打斜行拗步，右手在前，眼著於右手。」「打抱頭推山，兩手雖俱在前，而以右手為主，眼雖並注，而注於右手居多。」「打指襠捶，眼注於下。」「打演手肱捶，眼注於前。」眼注何處？「大抵上下四旁，某處當令，則眼神注於某處，此是大規矩」。

(三)頸 部

頸為頭目之樞，上下相顧，呼吸相通，以靈活為主。要直豎而不可太偏，顧左顧右，隨身法以相轉。拳譜規定打拳「立身須中正安舒，支撐八面」，百會穴與尾閭穴要「上下一條線」。其關鍵處就在於頸，頸要直豎不可偏，這樣才能保證打拳時在形體上、神態上都自然中正，不偏不倚，身體平衡。

(四)肩 部

肩為一身之前鋒。古拳譜曰：「一身筋力在肩頭。」拳之妙，以肩為重，而手不過補之。然肩之所用並非一種，有「八面肩頭」之說，即直肩、靠肩、壓下肩、倒後肩、倒前肩、射起肩、陡起肩、凝挺肩。與人交手，宜帶靠而陡來，宜下與膝相對，不可過於膝，亦不可不及於膝。

在拳架中，「要求兩肩平正鬆沉，忌拱肩、扛肩、晃肩、聳肩、探肩」。陳鑫說：「打拳運動，全在手領，轉關全在鬆肩，左右肩鬆不下來，則轉關不靈。」有人在習拳時追求腰勁，而往往形成晃肩；有人追求含胸，而往往

過分前捲，形成探肩。

陳式太極拳用肩之法講究「靠」，有前肩靠、側肩靠、背折靠、七寸靠等。拳經曰：「遠用手，近用肘，沾身用靠無處走。」譜云：「臨敵兩眼注敵之肩，不可他瞬。敵左肩向後動，必出右手，右肩動，必出左手。用腿時，肩必下沉，或後仰，此為不可移易之表示。」

(五)臂　部

臂乃一身之門戶，泛稱胳膊，指從肩到腕的部分。在古拳譜中，臂被稱為人身八鋒之一（手、肘、肩、臀、臂、膝、腿、腳）。言與人交手時，「宜狹不宜開，開則身法渙散，敵人可揭可挑，而我之身難保矣。宜以氣應之，臂力使上，則氣吸上，臂力使下，則氣降下，臂力開，則隨身法而相轉」。

陳式太極拳譜中提到臂一詞幾乎鮮見，其實只不過稱謂不同。臂在陳式太極拳中大都稱為「肱」（肱，也泛指胳膊，即由肘到肩的部分）。如拳套中有「掩手肱捶」「倒捲肱」「奪二肱」等。陳鑫說：「手中日月畫太極，此道人人皆不知，所畫之圈有正斜，無非一圈一太極。」太極拳的主要特點就是非圓即弧，也就是說臂（胳膊）在畫圈運動中是主角。陳鑫談到順纏勁時強調「胳膊勁由心發」「內勁由肩臂而形於指甲」；逆纏勁則是「內勁由指肚而收於腋肩臂」。這就是拳論中所說的「節節貫穿」。

(六)手　部

古拳譜云：「身之圍護者手也，要輕鬆圓活，剛柔相

濟，上下前後左右相顧，更有變陰變陽之妙，長短伸縮之玄。」拳家稱「手為攻擊防禦的第一道防線」，因而有「手為兩扇門之說」。譜云：「手之門有三，手腕一也，此大門也；肘心二也，此進一層，外二門也；膀根三也，此更進一層，三門也。進此門已進內院，可以登堂入室矣。」故交手時，攔其手，謂之頭門，攔其肘，謂之二門，制其膀根，謂之三門。此登堂入室之法。

手在陳式太極拳勢中，其型分三種：掌、拳、勾。陳鑫言其重要性時稱「手為傳令官」。云：「打拳全在用心，心機一動，欲令手上領轉圈，手即如其意以傳，此令發者在心，傳令者在手。」又云：「打拳運動，全在手領。手隨心而到，機至靈也，動之速也，故觀其手而知其心。」

古拳譜有「拳打八字說」，即：「拳出有字，收回有法，起、落、鑽、翻、崩、轉、橫、豎者八字」「即手之動往上是為起，手之動往下是為落，手自另一手上或下前出是鑽，臂手一翻由陰變陽是為翻，手腕一彈是崩，手腕稍一扭是為轉，臂手向外一靠是為橫，手前出是為豎」。這些「規矩」明白自會在行拳過程中潛移默化。正如陳鑫所言：「打拳其中，自有理以宰之，始則遵乎規矩，繼則化乎規矩，終則神乎規矩。」

(七)胸　部

人體「頸下腹上的部分」稱其胸。古拳譜云：「胸乃我身之牆壁，宜開之成其一片，亦不可俯仰，兩手常須護持，毋使敵人攻入。」

　　歷代拳家對胸部看成「緊要處」。李亦畬在談到太極拳「五字訣」時說：一曰心靜，二曰身靈，三曰氣斂，四曰勁整。在上四者俱備後，總歸神聚，其五曰神聚也。神聚，「其精神要貴貫注，緊要全在胸中」。同時他在「走架打手行功要言」中強調「欲要神氣收斂入骨」，其緊要處在「含蓄在胸」，勁才由內發。武禹襄在談到「身法八要」時，首要便是「涵胸」（含胸）。

　　在拳勢中，胸不可挺，不可凹，要往下鬆，兩肩微向前合，胸部做到鬆空，氣往下沉，重心得以穩定，運化顯示靈活。如要挺胸，則造成胸肌脹實，氣浮於上，不能氣沉丹田；如要凹胸，勢必使胸肌緊縮橫氣填胸，影響氣血上行。陳鑫說：「胸部含住，腰勁即下。」這說明胸與腰在拳勢中有著非常重要的內在聯繫。

（八）腰　部

　　「身之樞軸者腰也」。古拳譜云：「腰要靈活圓熟，直鞭堅固。況力皆從腰出，氣亦由腰所運；一屈則氣阻力閉，上下不能相通矣。」拳論曰：「腰如車軸，腰如纛（音『道』，古代軍隊裏的大旗）。」這就告訴我們腰部正確的姿勢應是鬆活、正直、沉穩。

　　鬆活，即是鬆腰、鬆胯，使腰部肌肉自然放鬆，增強靈活性。

　　正直，即是腰脊豎起、挺直，腰脊上與百會、下與尾閭保持中正，上下一條線，「立身須中正安舒」，即是此意。

　　沉穩，即塌腰，腰胯微微下坐，使氣下沉丹田，兩足

有力，下盤穩固，上肢纏繞不漂浮。

腰是太極拳內功的核心部位（胯上脅下的部分）。拳家認為：命之在腰，寓寄全身中心，亦寓寄腰腎動氣。其勁源動於腰，其真氣亦由腰腎間發。陳鑫云：「人之一身，以腰為中界，腰是上下體之關鍵，腰以上氣往上行，腰以下氣往下行，似上下兩奪之勢，其實一氣貫通並行不悖。」《十三勢行功歌》故曰：「刻刻留心在腰間，腹內鬆淨氣騰然。」

綜上所述，在拳勢中腰脊為第一主宰。太極拳運動是人身上下、前後、左右的空間曲線運動，其特點就是一動全動，基礎就是以腰為軸、為中心，使周身9個主要運動關節貫穿起來，如九曲圓珠，一動無有不動。從而可以看出腰有6大作用：即立身「中正在腰」；虛實「變換在腰」；命意「源頭在腰」；行氣「中樞在腰」；發勁「主宰在腰」；轉關「樞紐在腰」。

（九）臀　部

臀即屁股（髖骨後側肌肉），「下身之所重者在臀」。古拳譜云：臀「宜與肩相應而成一片，肩過右則擺右，要陡然相衝而帶壓下，故一身之筋骨緊貼敵人身上，所謂百法收來無空閒是也。」所以臀為人身八鋒之一，以鋒攻敵，無不利也。「琢磨者，雖顛而實不顛（腳法為顛），雖狂而實不狂也」。歌訣：「身臀一片須顛進，將人掀跌獨擅長。」臀緊貼身為滿盤，此中管之妙，不可不知也。

在太極拳勢中有「泛臀」之說，拳家認為泛臀是塌腰、合腹、圓襠、開胯、合膝的必然結果。泛臀絕不是撅

屁股。馬虹先生說：「兩腿根裏側，會陰處即為襠，打拳襠要圓。」「會陰穴兩側為兩塊髖骨，俗稱胯，胯要鬆；髖骨之後側肌肉為臀，臀要自然下沉。襠、胯的運化，多在立體螺旋的前提下，走一個橫形『∞』字，從左右大腿根部上下纏繞、裏外翻動。出入勁皆交會於會陰穴處，形之於外，則表現在沉左臀翻右臀（「翻」有的作泛）。兩臀上下主體螺旋翻沉，不許左右搖擺，更不許撅臀。」

(十)腿 部

古拳譜云：「腿管腳之攪力。腿亦有功焉。宜懸而縮，宜活而用，要循腰藏陰而帶曲尺樣，此下盤之緊密處。」腿的技擊性非常強，諺曰：「手是兩扇門，全憑腿打人。」在拳套中有腿功的拳勢比較多，如「左右擦腳」「雙擺蓮」「十字擺蓮」「二起腳」「旋風腳」等。

腿部包含胯、膝、腳，打拳時要求兩胯根要撐開，使襠撐圓，旋轉靈活，步幅能大開，踢腿能踹高。顧留馨先生言：「凡馬步須胯與膝平，弓蹬步的弓腿須胯與膝平，虛腿邁出時也須胯與膝平，這是發達腿肌、膝關節，增強支撐力的練法。」

(十一)膝 部

「膝是下盤之門戶」。譜云：膝「宜平分內裏，不可外開。若開則足尖亦開，下盤必不密矣。要在略帶壓下跪勢，仗身法坐至將平即住。若過於坐平則腿力不堅，腰曲無力，種種失真矣。」歌曰：「肘有尖兮膝有蓋，膝蓋更比肘厲害，左右勾連一跪倒，金雞獨立法無奈。」拳論

言：「足來提膝，近便用膝。」表達出膝為下盤之門戶矣，在防守上，「足來提膝」是以膝破腿之法，同時還可以對付撩陰腿，起到護襠的作用；在進攻上，「近可用膝」，用膝可上頂敵方襠、腹之處，同時膝可裏扣外擺、跪膝等可防可攻。

習拳時，膝在拳勢中也是一把尺子，弓步膝頭不可過足尖，過者為病，為跪膝；馬步胯須與膝平，坐過了，則稱為病，為「蕩襠」。

(十二)足　部

譜云：「足係一身之根，根不穩，則百體難強，皆為虛器矣。妙在足趾釘下，足根堅固，不可虛前虛後。進步宜輕，踹步宜速，探步宜活，其餘百盤步法，俱遵成勢運用。根即堅固，周身俱活，隨其所之，無不顛人矣。」從上述可見，足是步型、步法的根基。根基不穩，步法必亂；根基穩固，可進步占勢，退步避鋒，技擊變化無窮。拳論云：「遠可用足，近可用膝。」距敵遠，可蹬、可踢、可彈、可踹、可掃、可擺等；距敵近，可鉤、可掛、可踩、可踏、可跺等方法。

在太極拳勢中，足是運動的基礎。兩足踏地時，足掌要踏實，五趾要抓地，湧泉穴要虛。需要外開裏扣時，要以足跟為軸，足掌擦地外擺或裏扣，不許足尖翹起。如需以足掌為軸轉動時，則足跟擦地外開或裏扣。

提足出步時，要輕靈，如履薄冰，如貓行。能做到出去之足，可以在上身重心不移動的情況下，足能輕靈的收回來；退步時，則要沉穩，可頓步發勁。

足虛實轉換時，重心偏左足或偏右足，多係四六開或三七開，也有二八開的。

震足（腳）時，要求全足（腳）放平，鬆腰，鬆胯，意、氣、力完整一體鬆沉震下，不可僅用小腿，足掌用力下踩，以防傷足。

(十三)肘　部

肘被拳家稱為「進擊和防禦的第二道防線」。古人曰：「拳肘者，人之羽翼也。」肘法在太極拳技擊用法中佔有極其重要的地位。其用法分為寬、窄兩面。寬面是指從手腕到肘尖的部位，殺傷力相對較小；窄面指肘尖，其殺傷力強，輕者致傷，重者致殘致命，不可輕用。

歌曰：「兩手垂兮兩肘彎，三請諸葛人難防。屈可伸兮伸可屈，看來用短勝用長。」因而有「寧挨十手，不挨一肘」之說。陳式太極拳勢中有「搬攔肘」「拗鸞肘」「順鸞肘」「穿心肘」「窩裏炮」等。

在拳勢上有「鬆肩垂肘」的要求，拳家認為鬆肩垂肘可使整個手臂放長。當手臂進行螺旋纏絲運動時，就是以垂肘作中心的。道家「九一」真言，有的拳家認為是從深層次探討了太極拳之理、炁、象及應用方面的全部道理。「九一」真言共三十六字組成，即：「心無一塵，炁分兩儀，身含三才，肢為四象，腳踩五行，勁聚六合，動變居七，肘運八卦，交點九宮。」其中一句就說到肘，「肘運八卦」拳家釋為「手以肘分，腳以膝分，以此演練，身轉步移，則變為八卦相蕩，體現五行生剋、陰陽相濟、剛柔既摩之內涵」。

　　垂肘在太極拳勢中，極能體現圓活的形體運動，符合螺旋纏繞的規律。要求「肘不離肋，肘不貼肋」，腋下留有一立拳空間，便於行拳、推手時兩膊有迴旋餘地。

(十四)襠　部

　　「兩腿根間謂之襠，即會陰穴也」。對於襠，各式太極拳都有不同的要求。武式太極拳《身法八要》中提到「裹襠」「吊襠」。而陳式太極拳的要求是「圓襠」「開襠」。陳鑫云：「兩大腿根要開，襠開不在大小，即一絲之微亦算得開，蓋心意一開，襠即開矣。不會開襠者，腿雖岔三尺寬，不開仍然不開。是在學者細心參之。」

　　陳式太極拳的「圓襠」也有不同的說法，馬虹先生認為「襠任何時候都要保持圓」「襠有開有合（合襠又稱扣襠，開合變化又稱調襠），但不論開或合，襠都要虛圓」。

　　顧留馨先生認為：「動勢時襠要開，成勢時襠要合，襠不開則腰腿動作不靈活。動勢時虛腿邁出，兩膝分向相反方向前挺，這是開襠，起到伸筋拔骨的作用。襠不合則骨節鬆而力不聚，成勢時塌腰落胯，兩膝蓋微向內合，這是合襠，而兩胯根仍要鬆開撐圓，謂之『外合內開』。」

　　「太極拳以虛靈為本」。古人云：「獲得真訣好用功，苟不詳為辨別，則真妄費工夫矣。」打拳如果規矩弄不清楚，真是妄費工夫呀！圓襠的真正含義是使腰塌下來、胯鬆下來，腰、胯、襠三者形成一體，保持身體轉換、合開、虛實的靈動，內勁運轉自如。

(十五)胯　部

會陰穴兩側為兩塊髖骨，俗稱胯。胯是人體上下運動的總樞紐。歌曰：「一胯擎起一胯落，起落高低使用多，下體樞紐全在此，莫把此處空蹉跎。」

鬆胯在拳勢中佔有極為重要的地位。馬虹說：「下肢虛實，上肢輕重，以及上下對拉拔長，上下相隨，都要由鬆胯、旋腰的螺旋運化來完成。」

胯，在實戰中應用拳家稱為「胯打」。胯的轉動不僅使腰、腿靈活，而且在貼近敵方身體時，可用胯打敵方的腰、腿部。

(十六)肫　部

肫（音「諄」），「有人把肫字當做臀的簡寫，誤也」。肫，禽類的胃。太極拳所言「肫」是借指人身的大腹部位，即從胸之下小腹之上的兩肋部。

護肫為武式太極拳的重要身法。身法是貫穿於拳勢之中的，拳論指出：「肫不護，則豎尾無力。」這就說明護肫與豎腰關係的重要性。太極拳成勢時「先氣沉丹田，後以氣貼腰直，前兩肋前斂，後腰椎豎起，腰不後靠而身有主也」。

四、論太極拳纏絲解

任何拳種都有其自身的主要特點，陳式太極拳的主要特點就是「纏絲勁」。陳鑫說：「打太極拳須明纏絲

勁。」「不明此，即不明拳。」陳式太極拳的纏絲勁，也是區別於其他拳種而自身具有的獨特拳理、拳法。它要求拳勢運動，動作無論大小、快慢、開合、剛柔、虛實都要走螺旋式的運動形式。從腰、丹田到四梢，從五臟百骸到肌膚毫毛，都在非順即逆的反復旋轉中運動，纏繞往來，非圓即弧，使太極拳動作形成以纏絲勁為核心，以內氣為統馭的一個完整的運動體系。這其中的奧妙在哪裏？至少從 3 個方面去解析。

(一)明纏法

何為纏絲法？先輩太極拳家在其論著中有很多論述。陳鑫這樣說：「太極拳纏絲法也，進纏、退纏、左右纏、裏外纏、大小纏、順逆纏。而要莫非即引即纏，即進即纏，不能各是各著。若各是各著，非陰陽互為其根也。」

1. 纏絲須求「有形之跡象」

其實打太極一道，心中各有一把尺子，也自有權衡，「以無形之權衡，權有形之跡象」，因而也就有了各自對纏絲法的理解。要掌握纏絲的方法，光談「概論」是不夠的，也難以掌握。必須求「有形之跡象」。

「纏絲」是腰和四肢運動的一種形式，也是輸送內勁的一條運動路線。

在全身這種運動路線有兩條：一條自左足跟至右手指；另一條自右足跟至左手指。中間交叉於腰脊，形似算術題中的「×」形（乘號）。拳論云：「勁起於足跟，主於腰間，形於手指。」「主宰於腰」就是這兩條線交叉於

腰，力點交匯處的作用。

這兩條線的運動形式是螺旋式上升或下降的曲線，反映在人體上分為三節，即上節、中節、下節，或稱上肢、身軀、下肢三節。拳論云：「上節不明，無依無宗；中節不明，滿腔是空；下節不明，顛覆必生。」至於氣之發動，要從中節起，梢節隨，根節催。

按照這條理論，我們做一個「小小實驗」，即：先將兩腿分開，稍寬於肩，而後將雙臂向斜上方分別舉起，形成「×」形狀（乘號狀），然後先從腰脊起動，進行螺旋式轉動起來。從這個「小小實驗」中就會證明：在一條斜線上，如果左腿是逆纏（膝頭向裏旋），右手必然是順纏（右掌向外旋）；如果右腿是順纏（膝頭向外旋），左手必然是逆纏（右掌向裏旋）。

這種纏絲是由螺旋纏繞將全身關節一線貫穿，「一動無有不動」來完成的，同時通過這種螺旋纏繞將這兩條斜線變成了兩條曲線，每條曲線類似於「S」形線，如果我們在每條「S」形線的外邊加上一個圓圈「○」形，豈不成了一個太極圖像「⊘」形。

這豈不正如陳鑫所說：「手中日日畫太極，此道人人皆不識。」「所畫之圈有正斜，無非一圈一太極。」「每日細玩太極圖，一開一合在吾身。」其實太極圖就在我們身上，就看你能不能識別。

這個「小小實驗」也進一步證明，手、足纏絲運動路線是由交叉於腰脊來實現的。拳經所說：纏絲勁「主宰於腰」，是由腰來實現上肢與下肢的串通，根節勁（足跟）由中節（腰脊）的「×」的交匯點傳遞至梢節（手指）；

反之，手指（梢節）的領勁，亦由中節（腰脊）的傳遞，下落至跟節（足）。「節節貫穿」「主宰於腰」的重要意義就不難理解了。

這個「小小實驗」還進一步證明，「螺旋纏繞」的核心是順纏與逆纏，掌握了順、逆纏的運動規律，舉一反三，觸類旁通。

如何把握順、逆纏的運動規律？它們的區別是什麼？其區別主要區分在內旋與外旋上。

2. 手的順、逆纏法

手的順纏：手向外旋，掌心由內向外翻，以小指領勁、拇指合，依次至小指，順時針方向旋轉。

手的逆纏：手向內旋，掌心由外向內翻，以拇指領勁、小指合，依次至拇指，逆時針方向旋轉。

3. 腿的順、逆纏法

腿的順纏：以膝頭向襠外旋轉，由裏往外上再向下斜纏。

腿的逆纏：以膝頭向襠內旋轉，由外往裏上再向下斜纏。

纏絲勁的主要技術特徵，它不是直線弧形運動，而是曲線弧形螺旋式運動。拳家把這種運動形式比喻成「像地球在公轉時不斷地自轉」。這種「地球公轉」，就是人身三節的螺旋曲線；「地球自轉」，就是手、腿的陰陽轉換。

表現在上肢上，是旋腕轉膀；表現在下肢上，是旋踝

轉腿；表現在軀幹上，是旋腰轉脊。「三節」結合起來，就形成了「根在足，主宰於腰而形於手指」的立體空間螺旋曲線。

(二)懂法門

太極拳是意、氣、神、形的運動，既練意又練氣，既練神又練形。由以意行氣，以氣運身，才能使其意之所注，氣之所至，行乎三節，現乎四梢，統乎五行；才能達其勁由內換，內氣潛轉，內外合一；才能實現意、氣、神、形的高度統一。

太極拳實現這一境界之法門何在？陳鑫說：丹田氣，「其在骨中者謂之中氣，其形於肌膚者，謂之纏絲勁」。又說：「纏絲者，運『中氣』之法門。」陳鑫清楚地闡明，中氣與纏絲的關係是辯證關係，兩者可互為轉化。纏絲是中氣運行的動力，中氣經由纏絲可轉化成纏絲勁。

「纏絲」它具有兩種功能：一是運氣，二是使氣。其中奧妙正如拳經所云：「法中有訣從何取，解開其理妙如神。」

1. 運　氣

所謂「運氣」，即是用意念引導丹田內氣，由纏絲達其人體所需部位。運氣之關鍵，在於如何斂氣入骨。

首先，須知中氣所行之路。人之腦後二股筋之間其無筋處，是中氣上下流通之路，下行脊骨之中，至二十一椎止，此處一通，則上下皆通，前後任督二脈形成環流。「四肢中所運行之中氣，亦即此中氣之旁流」。正如太極

前輩所言：「上下一條線」是指在「立身中正」「不偏不倚」中運行纏絲，才可得「中氣」上下之貫通。

其次，須掌握運氣之法。其法：「人之一身，以腰為界，氣往上下行。」「心氣一領，丹田氣上行，六分至心，又一分兩股，三分上行至左肩，三分上行至右肩，皆是由肩骨縫中貫到左右指頭，其在骨中者謂之中氣，其形於肌膚者，謂之纏絲勁。其餘四分亦分為兩股，二分行於左股，二分行於右股，皆是由骨縫中貫至左右足趾。」此為中氣運行，一氣貫通。不過「中氣所行之路，亦最難名。無形無聲，非用工夫久不能知也」。

2. 使　氣

所謂「使氣」，即是由螺旋纏繞，將中氣轉化為纏絲勁，為我所用。

這種纏絲勁，「源於心，起於丹田，行於肌膚，毫毛之上」。纏絲隨心勁而動，遍佈周身，「八手」「五步」無不貫穿其間。或掤、或捋、或擠、或按、或採、或挒、或肘、或靠，無不隨從人願；或進、或退、或左、或右、或中定，無不隨心所欲。「八手」「五步」每招每式都離不開纏絲勁，而纏絲勁莫不以中氣行乎其間為我所用。

(三)知眞訣

打拳有各種身法，有直有曲，有正有斜，但「纏絲要得身樁放正，不可搖曳，足踏實，襠開圓，硬氣柔下，一樣不缺，元氣不脫」。其內涵是心、神、意、氣纏繞抽絲，其外部表現是形體上的螺旋運動。拳家認為：纏絲要

「由裏及表，由中而發，內纏外繞相聯合一，顯於外是螺旋運動，隱於內是纏絲運行，裏纏為體，外纏為用，裏纏是心神意氣，外纏是筋皮肉骨」。所以拳家認為：「由內及外是真訣。」其實，纏絲發源於腎，起於下丹田，遍佈全身。因而陳鑫說：「出腎入腎是真訣。」

這種由內及外的纏絲勁，其關鍵處是「周身之勁往外發者，皆發於丹田，向裏收者，皆收於丹田」。拳家稱此謂「出勁」和「入勁」。概括地說：「氣機行於肱內皆是纏絲勁。」順纏即為「出勁」，逆纏即為「入勁」。

1. 出　勁

手的出勁：胳膊勁由心發，行於肩，過肘至指，用的是順纏法。中氣由骨縫入肩，形於膚，達於指。

2. 入　勁

手的入勁：內勁由指肚，過臂達肩，由骨縫入腋，用的是逆纏法。中氣由指，逆行過臂達肩，由骨縫收於腋下。

陳鑫說：「纏絲勁，言手而足在其中。」法、理皆一樣，因而足之出勁、入勁勿須贅述。

太極拳「出勁」體現在拳勢上，為開、為發、為放、為剛、為實；「入勁」體現在拳勢上，為合、為蓄、為收、為柔、為虛。

總之，太極拳「是終身不盡之藝」，所難者功夫，所猶難者長久功夫。諺曰：「拳打萬遍，神理自現。」

陳式太極拳　北京架　拳法

第三章
陳式太極拳第一路
——傳統套路·北京架

一、拳勢名稱順序

第 一 式　預備勢
第 二 式　金剛搗碓
第 三 式　懶紮衣
第 四 式　六封四閉
第 五 式　單　鞭
第 六 式　金剛搗碓
第 七 式　白鶴亮翅
第 八 式　斜行拗步
第 九 式　初　收
第 十 式　前蹚拗步
第十一式　斜行拗步
第十二式　再　收
第十三式　前蹚拗步
第十四式　掩手肱捶
第十五式　金剛搗碓
第十六式　披身捶

第 十 七 式　背折靠
第 十 八 式　青龍出水
第 十 九 式　雙推手
第 二 十 式　三換掌
第二十一式　肘底捶
第二十二式　倒捲肱
第二十三式　退步壓肘
第二十四式　中　盤
第二十五式　白鶴亮翅
第二十六式　斜行拗步
第二十七式　閃通背
第二十八式　掩手肱捶
第二十九式　六封四閉
第 三 十 式　單　鞭
第三十一式　運　手
第三十二式　高探馬

二、關於圖解的幾點說明

(一)方　向

本拳圖勢的方向：面向讀者為向南；背向讀者為向北；面向讀者右側為向東；左側為向西。

拳套學熟後，平素打拳不必拘定方向，可根據場地，任意選定。古人大多在夜晚練拳，因而以「北斗」為向。有「北斗在北方，司天造化，宜以向北為主」之說。陳鑫《陳氏太極拳圖說》一書，就是以北為向。

而今一些拳套書籍大都以南為向。現今大都以晨練為主，「迎旭日，以養生」，故本圖勢以面向南為準。面南、背北、左東、右西，以定向。

(二)圖　線

圖照中的拳勢運動，標有實線和虛線的箭頭，這是標明從這一動作到下一動作所經過的路線。

右手、右足的運動路線由實線表示，左手、左足的運動路線由虛線表示。箭頭表示該動作的終點，也是下一動作的起點。為了表示清楚，拳照與文字相對照，作了分解說明。

(三)呼　吸

圖解中有吸氣、呼氣和內氣運行。初學拳者，應先求動作、姿勢準確，吸氣、呼氣不必執泥，呼吸應順其自然。可先從一個拳勢開始，逐漸掌握動作與拳勢呼吸相配

合。然後根據每個人太極拳練到何階段，再採用相適應的呼吸方式。本書「拳勢呼吸」有專論，這裏不贅述，但本書圖勢均按「逆呼吸」解析。

(四)角　度

角度就是拳勢的方向、方位。太極拳「手之運動有八方，足之運動有五步」。手八、足五，其數十三，故稱「十三勢」。

十三勢係稱五行八卦，以金、木、水、火、土五行來比喻太極拳的 5 種步型，即前進、後退、左顧、右盼和中定；以乾、坤、坎、離、巽、震、兌、艮之八卦來比喻太極拳的 8 種手法，即掤、捋、擠、按、採、挒、肘、靠，用以對應四正，東、南、西、北，四隅，東北、西北、東南、西南 8 個方位。而太極拳的手足運動之方向均不出此八方，因此太極拳有「懷揣八卦，腳踩五行」之說。

本書圖照的方向、方位是以南方為準。拳勢運動，包括扣腳、轉腰、邁步、落腳、出手、面部、胸腹、手指、眼神等，所對的方向均是按「八卦」四正、四隅定位。學者左轉、右轉、後轉，或 45°、或 90°、或 180°、或 360° 等，角度均應合度，要符合「八卦」四正、四隅方位。

(五)幅　度

太極拳架根據拳勢高低的幅度分為三種，即高架、中架、低架。

三種拳架有的拳家又分大、中、小架子三種。大架子特點是，身體重心低且平穩（長功夫快，但不抗壓，重心

轉換不如高架子靈活），姿勢開展；中架子特點是，介於大、小架之間，拳勢動作不應過或不及，且能連綿不斷；小架子特點是，身體重心偏高，拳勢緊湊，重心轉換靈敏且迅速，但不如大架子重心穩。

本圖照即為中架。學者，拳架之高低應自己掌握，應根據本人條件確定高低架，還應注意拳架之開展與緊湊須有度。手臂伸出以將直未直為度，弓步的蹬腿以將直不挺為宜，雙臂、雙腿都不可直挺挺的，但也不可縮手縮腳。

三、拳勢動作圖解

第一式　預備勢

【動作一】無極樁。「無極者，一物未有也」，陰陽未判，混混沌沌。

學者上場打拳，身樁端正，兩手下垂，兩腳並立，兩目內視，心念無思，空空洞洞，「外觀其身，身無其身，內視其心，心無其心」，身心內外一片虛空。此「無極象形」也。（圖3-1）

【要點解析】

靜樁默立，舌抵上腭，胸廓微含，尾閭前斂，虛領頂勁，氣沉丹田。

圖 3-1

默立3～5分鐘，當進入無聲無息「無極」之境時，以靜待動。此時陰陽開合之機，已俱寓心腹之中，待氣機一動，即太極生也。

【動作二】太極樁。「太極者，無極而生」也。

練拳未始之前，為無極混元。「然太極雖無形聲，但其陰陽開合之機已動」，此時，提起左腳向左跨出一小步，與肩同寬，靜樁站立。

當手腳欲行之時，吐納為先，清氣上升，濁氣下降。此即陰陽雖未開，而陰陽開合之機已動，「太極象形」也。（圖3-2）

【要點解析】

兩腿微屈，自然站立，兩目平視，兩腳距離與肩同寬，腳尖微向外撇；兩臂鬆垂體側，兩手心朝內，指尖自然下垂，中指輕貼褲線，腋下留有一拳空隙，肘不貼肋。

圖 3-2

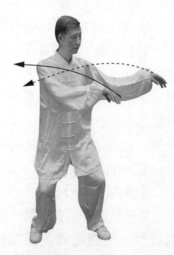

圖 3-3

做到：頭正體鬆，襠要虛圓，兩膝微屈，立而不挺，內固精神，呼吸自然，意守丹田。

第二式　金剛搗碓

【動作一】身隨意領，微微下蹲，兩膝微屈，重心下沉，開襠鬆胯，上體微向左轉；同時，兩臂微內旋，以手帶臂緩緩向左前方掤起，掤至與肩平，掌心向下，指尖斜向左前方；目視左前方。（圖3-3）

【動作二】腰向右轉，重心移向右腿，兩腿屈膝繼續下蹲；同時，雙臂屈肘轉臂左順、右逆纏隨轉體向右平捋畫弧至右肩前；隨即腰向左轉，左腿外旋，右腿內旋；兩臂屈肘轉臂變左逆、右順纏向左前方推擠；目視左前方。（圖3-4、圖3-5）

圖3-4　　　　　　　　圖3-5

【動作三】腰微左轉再向右轉，重心微下沉，右腳以腳跟為軸外撇，隨即右腿外旋，左腿內旋，重心完全移於右腿，提左膝，成右獨立勢；同時，雙手轉臂翻掌左順、右逆纏向右後上方大捋展開，置於右肩側，右手略高於肩，掌心皆向外，指尖皆向前；目視前方。（圖3-6、圖3-7）

【動作四】重心下沉，鬆右胯，右腿屈膝下蹲，左腳腳尖翹起，以腳跟內側貼地向左前方（15°）鏟出；同時，兩手左逆、右順纏向右後方大捋伸展，掌心皆向外，指尖皆向上，成手、腳對開勢；目視左前方。（圖3-8）

【動作五】腰向左轉，左腿外旋，腳尖外撇，重心走下弧線向左腳過渡；同時，左手沿體從右下弧線下捋，再向左前方逆纏伸擠，掌心向前下方，指尖向右；右手向右後下方順纏伸撐，掌心向後下方；目視左手方向。（圖3-9）

圖 3-6

圖 3-7

【動作六】重心前移至左腿，腰向左轉，右腳順勢上步，前腳掌虛著地，鬆胯屈膝下蹲；上右步同時，右手前撩，掌心向前，指尖向下；左手順纏向裏合於右臂肘窩上，掌心向裏，指尖向右，兩臂掤圓，氣貼脊背，形成合勁；平視前方。（圖3-10）

圖3-8　　　　　　　　　　圖3-9

圖3-10

【動作七】鬆腰落胯重心下沉，左腳踩實蹬地起身，右腿隨勢屈膝向上提起，重心完全落於左腿；同時，右掌變拳順纏屈肘上提至胸前，拳心朝上，左手逆纏向下落於腹前，掌心向上，指尖向右，右拳、左掌上下相對；隨即周身放鬆，重心下沉，拳隨身，身隨勢，右腳鬆落，整腳向下，平面震腳，兩腳與肩同寬；右拳隨右腳下落時沉落於左掌心內，右拳左掌疊合於腹前，形成上下合擊，與小腹之間約一拳之隔；目視前方。（圖 3–11、圖 3–12）

【要點解析】

何謂「金剛搗碓」？其意右手捶如降魔杵，左手掌微屈如碓臼，既取其堅剛沉重，又取兩手收在一處，以護其腹，故名。

此勢陰陽合德，其胸中一團太和元氣，充滿周身，至柔至剛。心平氣和頂勁才能領起。

圖 3–11

圖 3–12

震腳是此勢核心要點，要掌握勁由心發，氣機行於腰隙，傳於腿，達於腳。因而，腰勁貴在堅實，在震腳前，吸一口氣，丹田內氣沿督脈逆行至頭頂百會穴；震腳時，呼一口氣，氣延任脈下沉丹田，腰勁下沉，右腳實實在在踏在地上，震地有金石之聲。要求震腳、手合、沉氣同時完成。

第三式　懶紮衣

【動作一】身微向左螺旋下沉，左掌右拳粘住用順纏在胸腹前轉一小圈，右拳變掌經左臂內側向左前外上方穿出，兩掌逆纏相合，由左腳實轉為右腳實；兩手擴大纏絲圈的同時，右掌移向右外上方順纏、左掌向左下逆纏分開，形成右上左下的對開勁，身向右轉，螺旋下降，重心左移，右腳實變為左腳實；目視右前方。（圖 3-13、圖 3-14）

圖 3-13　　　　　　　　　　圖 3-14

【動作二】身微左轉，再轉右旋下降；隨即左手向左下逆纏，經左胯轉順纏上舉，掌心向右下，高不過眉；右手順纏裏合經胸前變逆纏下按，掌心向下；同時，提右膝，形成上開下合之勢；目視左前方。（圖3-15）

【動作三】心氣下沉，左腿鬆胯，屈膝下蹲，右腳跟內側貼地向右鏟出；同時，兩手由大開轉為雙順纏大合，右手合於左手下，掌心向左，左手心斜向右，重心左移；目視左前方。（圖3-16）

【動作四】身微左轉再向右轉，隨重心右移，右腿漸變實；同時，兩手由合再開，右手大順纏向右轉臂展開，周身放鬆，右腿內旋，右腳踩實，左腿微外旋，鬆兩胯；隨即右手順纏放鬆，沉肩墜肘，手心向右前方，指尖轉而上豎，高度與鼻同；左手隨之置於左腹前，掌心向上，指尖向右，調整後胯，氣往下沉；目視右手方向（此懶紮衣

圖3-15　　　　　　　　　圖3-16

定勢）。（圖 3-17、圖 3-18）

【要點解析】

此勢要周身相合，手、肘、肩、膝、足上下一齊合住；腰為上下體樞紐轉關處，不可軟亦不可硬，而要虛，一虛則上下皆靈；腳趾腳掌要扣住地，湧泉要虛，不虛則趾不著地，用不上力，此為前虛後實，中間虛。

內勁皆由心中發起，入骨髓，充肌膚，達四梢，其腿勁全由腳大趾自內而外斜而上纏至會陰，手勁皆是由指肚上纏至腋而止，故指肚要用力，此前後手運畢歸宿處。其掌形要求，除拇指外，其餘四指微挺，這樣可使氣貫注於指肚間。

圖 3-17

圖 3-18

第四式　六封四閉

【動作一】身體放鬆，右臂向下鬆，右手沿豎圓軌跡逆纏一圈至右上方，掌心向右前，指尖向上；左手圍繞肚臍以拇指為中心左上右下地繞轉一小圈；隨即身微左轉，重心左移；同時，右手逆纏至左肘下，掌心向左前下，坐腕翻掌轉順纏；左手逆纏，兩手背相對合住勁，向右前方擠出，兩臂掤圓，高與右肩平；目視右前方。（圖3-19）

【動作二】腰向左轉，螺旋下沉，重心走下弧偏左，右腳虛展，左腳踏實；同時，以身領手，右手順纏上托，勁貫指尖；左手逆纏轉臂，以手背一側腕關節弧形向左上掤，氣貫手背，五指斜向下垂；目視右前方。（圖3-20）

【動作三】腰繼續左轉；同時，兩手順纏翻掌分置於雙肩外側，掌心斜向外，隨即胸腹折疊，腰胯旋轉，兩掌合勁向右下按，兩指尖向前略向外，成「八」字形狀；重

圖3-19　　　　　　　　圖3-20

心也隨著移至右腿，左腳向右併步，以前腳掌虛點於右腳旁；目先左顧後轉視右前方。（圖 3-21、圖 3-22）

【要點解析】

「六封四閉」一勢，為六分封，四分閉。六封者，上下四旁皆封住，無門可入；四閉者，左右前後嚴以閉之，無縫能擊，無論是虛來、實來、偏來、正來之敵，皆無虞。

此勢兩手開合，都要以腰脊為軸，兩手纏繞應隨胸腹折疊而運行。兩掌下按時，以右手為主，左手為賓；身體要上虛下實，肩胯、肘膝、手足上下相合；脊柱要豎直，鬆腰斂臀，有肩靠、肘靠、胯靠、膝靠之意。

內氣由丹田而發，經會陰沿督脈上行於百會，下行至兩肩，分行於兩臂，貫注於指梢而達勞宮；另一股氣延任脈下行於丹田，經會陰分行於兩腿，貫注於足趾而達湧泉。即形成：「沉」，氣在丹田；「按」，氣在雙掌；「屈」，氣在右腳；「發」，氣在脊背，內外合一，周身一家。

圖 3-21　　　　　　　　　圖 3-22

第五式 單 鞭

【動作一】腰微右轉，螺旋略下沉，隨即向左轉回，左腳尖虛點地，腳跟右轉裏合；同時，右手順纏向內，左手逆纏向外各翻一個圈，右手屈腕收於左肘側向左，左手在右手下伸向右前方，兩掌心皆向上，隨即右掌變勾手；目視右前方。（圖3-23）

【動作二】腰向左轉，螺旋下降，左腿自然外旋，右腿內旋，體現「欲左先右」「逢左必右」的特點；此時右手勾手經左手掌心向右前方逆纏伸展至高與肩平，鬆肩沉肘，勾尖向下；左手掌弧形移至腹前，掌心向上，指尖向右，形成左屈右伸之勢；目視右前方。（圖3-24）

【動作三】身體微右轉，重心全部移至右腿，左腿徐徐上提，高與腰平，低不過臍，稍向右合，小腿鬆垂，成

圖3-23

圖3-24

圖 3-25   圖 3-26

右獨立勢；目視前方。（圖 3-25）

【動作四】重心下降，屈膝下蹲，以左腳跟內側先著地、腳尖稍上翹，虛虛貼地鏟出，胯根撐開，重心左移，漸至左腳尖落地、變實，形成上下斜開勢；目視左前方。（圖 3-26）

【動作五】重心向左移，旋腰打肘，隨即腰向右旋；左掌自腹前向右上托，至右勾手上側，旋腕外展，掌心向外，指尖向右，弧形向左順纏至肩左側，掌根微下按，沉肩墜肘變豎掌，指尖轉向上，目隨左手而注，中指與鼻同高；兩腿虛實比例也同時加大，重心左移，左占四成、右占六成，為四六開（也有三七開或二八開的。此為單鞭定勢）；目視左手中指尖。（圖 3-27—圖 3-29）

【要點解析】

單鞭勢兩肱展又如一條鞭，故名，其勢如鞭之毒。此

圖 3-27　　　　圖 3-28

圖 3-29

　　勢以左手為主，當手未展、未停時，眼神隨注左手，至左手停時，眼神注於左手中指，不斜視。

　　全身要放鬆，上肢要端正，不可偏倚，骨節鬆開，胳膊如在肩上掛著一般，運動似柔而實剛，精神內藏而不露，陳鑫說：「此為上乘。」

　　打拳心是主，脊骨是左右身之關鍵，腰是上下體之關鍵。此勢腰以上氣往上行，腰以下氣往下行，似兩奪之勢。此勢當兩手順纏相合、逆纏相開之時，丹田之氣內轉，內氣從體前向左上斜行至左肩，達指梢，另一股內氣向右斜行至右肩，達指梢，同時兩股下行內氣分行至兩腳趾，這就是「內氣分路」。

　　其實內氣不是多股，而是一氣上下左右分行，即為「兩奪之勢」。此為「一縷中氣隨勢揚」。

第六式　金剛搗碓

　　【動作一】以腰帶身，先向右轉，螺旋下沉，左膝逆纏，右膝裏扣，右重左輕；同時，左掌向右側逆纏置於胸前，手心向外上方；右勾手變掌，向左轉臂翻掌，手心向右外，同肩平，兩臂外掤並合住勁；目視左前方。（圖3-30）

圖 3-30

【動作二】兩手擴大纏絲圈，以左逆纏、右順纏兩臂合住勁向右旋轉一圈，重心右移，完全落於右腿，左腿變虛；隨即左手移至小腹前，掌心向右；右手運轉至右側，高與肩平，掌心向外，指尖向左上；目視左前方。（圖3-31、圖3-32）

【動作三】腰向左轉，左腿外旋，腳尖外撇，重心漸向左腳過渡；同時，左手隨轉體沿右下弧線下捋，再向左前方逆纏伸擠，掌心向前下方，指尖向右；右手向左後方順纏伸擠，掌心向後下方，指尖向右後方，形成對開勢；目視左手方向。（圖3-33）

圖 3-31

圖 3-32

本勢圖 3-34—圖 3-36 與第二式第一個金剛搗碓圖 3-10
—圖 3-12 圖解相同，唯不同處，該勢完成時面朝正東。

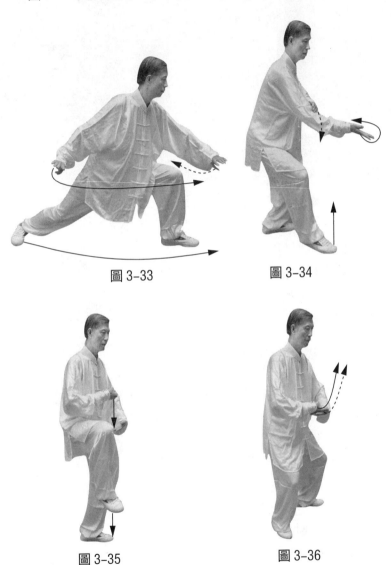

圖 3-33

圖 3-34

圖 3-35

圖 3-36

圖 3-37

圖 3-38

【要點解析】

在拳套中此勢為東西南北正身法，第一個金剛搗碓面向南，此金剛搗碓面向東。

第七式　白鶴亮翅

【動作一】其動作與「懶紮衣」動作相同（見圖 3-13、圖 3-14），故圖解略。（圖 3-37、圖 3-38）

【動作二】身體鬆沉，兩手繼續沿斜立圓左上右下弧線旋繞半圈，兩手左逆、右順纏，合勁交叉於胸前；身微左轉，左腳外撇，右腳提起，腳尖輕點地。（圖 3-39）

圖 3-39

【動作三】身體左轉，螺旋下降，兩手合緊於左胸前，隨著右腳向右側邁出，重心移於右腿，左腳跟步，以腳尖虛點於右腳旁；在右腳上步同時，兩手均逆纏，右手向右上外展由逆纏變順纏，掌心向右前；左手向左下由逆纏變順纏至大腿左側，掌心向下，兩手成右上、左下弧形分開之勢；目視前方。（圖3-40、圖3-41）

【要點解析】

「白鶴亮翅」一勢，意在「白鶴之鳥舒展羽翼，象形也」。此勢以右手為主，左手為賓，其神形連綿，上、中、下同時旋轉，手圈、腰圈、腿圈三圈同轉，合為一體；雙臂斜立圈旋繞時，左伸右展形如白鶴亮翅；配合兩腳，前弓後蹬身到，暗藏殺機，肘打、臂掤、肩靠。

周身內氣，隨心意而動，兩臂相合時，皆歸於丹田；兩臂相開時，氣隨意動，內氣從會陰沿背後上行至雙臂，

圖3-40　　　　　　　　圖3-41

達指梢；腰胯鬆沉，氣歸丹田，下行至兩腳；心意一領，氣複歸丹田。勁氣隨勢，一動一靜周天而行。

第八式　斜行拗步

【動作一】身體微右轉，右腳尖外撇，左腳提起，身體中線朝右 45°方向，重心落在右腳上；同時，兩手左逆纏、右順纏，左手轉臂上舉至額前，右手下按小腹右側；目視右前方。（圖 3-42）

【動作二】右腿鬆胯，屈膝下蹲，左腳以腳跟輕輕貼地鏟出，腰隨之下沉右旋，右腳實、左腳虛，重心在右腿，與左腿形成斜開勢；同時，兩手含上将、下按之意；目視左前方。（圖 3-43、圖 3-44）

【動作三】身體微右轉，重心右移；同時，左手順纏沿左下弧線至右肋前，五指撮攏變勾手，勾尖向下，腕背高與胸平，右手下按；目視右手前方。（圖 3-45）

【動作四】腰右旋下沉，隨即左勾手向左順纏而下，經腹前摟過左膝至左肩前，右手隨左勾手逆纏至左前臂上，掌心向左上，重心隨之左移；目視左前方。（圖 3-46）

【動作五】身體隨之左轉，右手旋腕外翻，掌心向外，指尖向左上，以肩領

圖 3-42

右肘，以肘領右手；隨即身體右轉，右手沿平圓軌跡自左
向右徐徐外開，順纏至右腿外側上方，高與肩平，掌心向
右前方；氣往下沉，開胸、鬆胯、屈膝，腰左轉螺旋下

圖 3-43

圖 3-44

圖 3-45

圖 3-46

降，重心自右移至左腿；目先
隨右手而視，後轉視左前方。
（圖 3-47）

【要點解析】

此勢取伏羲八卦艮、兌、
震、巽之方位，即 45°隅角。
從第二個金剛搗碓始，面向南
已轉向東方，至此勢，身又轉
向東北方。

此勢身法雖變，兩腳左伸

圖 3-47

右屈，左腳斜行，身則左右平
准，中正不偏；當右手向左旋繞小圈時，兩臂合抱，腰背
裹圓；開展時，上肢肩、肘、手，下肢胯、膝、腳同時對
開並圓襠，形成上下四旁骨節自相照應，全體一開全開。
此勢形體雖變則義理不變，「一以中氣貫之，自然全體上
下一氣流通」。「此勢手足位於四隅，各據一角，吾心以
中氣運於四肢，各得其宜」（陳鑫語）。

第九式 初 收

【動作一】身體放鬆，腰微左旋下沉，重心下降；同
時，左勾手鬆開變掌，兩臂從旁弧形落下，交叉合於腹
前，左手在外，右手在內，手背皆向外，胸腹微合；目視
下方。

重心進一步下降，胸腹折疊，引領兩臂、兩肘內合，
兩手翻掌順纏置於左胸前，以掌根合住勁，左手在前，右
手合於左肘旁，掌心皆向上；同時，右腳向兩腳中線後撤

圖 3-48　　　　　　　　　　圖 3-49

一小步，左腳拉撤到右腳前，腳尖虛著地，重心後移落於右腿；目視左手方向。（圖 3-48）

【動作二】身體微右轉，重心全部落於右腿，隨即旋轉而起，左腿屈膝上提，高與腰平，小腿懸垂放鬆，左腳尖自然下垂，成右獨立勢；隨即腰胯一鬆，當身體右轉隨左腿上提而起之時，兩手向前下方伸展擠按，兩掌心斜向前下，勁在掌根；目視前方。（圖 3-49）

【要點解析】

此勢名曰初收，別乎第二收之名。取其形骸聚到一處，精神團聚不散，故名之曰收。其意如貓撲鼠，斂其毛羽，如虎咬人，先束其身；如獅搏兔，全體精神。諺曰：「渾身蜷縮似純陰，陰中藏陽任人侵。右實左虛藏戞擊，上提下打欲縱擒。」說收就收，難狀其神。

此勢要求運用右腿下挫後的彈簧勁和兩手纏絲勁使身

體旋轉而上，周身要達到沉穩，此是合勁的獨立勢。其關鍵處在於頂勁要領好，右腿要沉好，兩手要合好，身體中正不偏。

周身心意相鬆相合，使氣、神、形動靜合一，陰陽二氣並行不悖，互為其根，周流全身；兩手相合，氣從梢端回流丹田；領手擠按，氣由腰隙逆行而上，沿左右兩臂，暢達梢端，意到氣到勁自然到。

第十式　前蹚拗步

【動作一】身體略下沉，左腳跟著下落；同時，兩手向右側畫弧捋帶，左手落至腹前，右手落在身體右後方，兩手心向裏，指尖下垂。

左腳向左前方蹚出一步，前腳掌虛著地，隨即身體左轉，重心前移，左腿屈膝坐胯逐漸踩實，右腿漸漸伸展後蹬；同時，左手順纏轉臂至胸前，掌心朝右前；右手逆纏到左前臂上方，掌心向左前，繼而右手腕交合於左手腕上，形成向前推擠之勢；目視左前方。（圖 3-50）

【動作二】身向左轉下沉，重心前移，左腳尖外展踏實，重心完全落於左腳；右腳提起，以腳尖著地隨身旋轉45°向右前斜方（東南）橫跨一步；同時，兩掌逆纏分向左右展開至兩腿外側，掌心向

圖 3-50

圖 3-51　　　　　　　　　圖 3-52

外；隨即鬆腰、屈膝、坐胯，沉肩、墜肘、坐腕，兩臂轉
順纏變豎掌，指尖向上；目視左手前方。（圖 3-51、圖
3-52）

　　【要點解析】

　　此勢在獨立勢左腳前蹚一步時，膝關節前弓不過腳
尖；當兩手向前推擠時，周身需要合住勁，形成左手背領
勁、右手心吐勁、腰脊貫住勁、消息全憑後腿蹬勁，整個
過程一氣呵成，不可有斷續凹凸處。

　　心意放鬆，隨四肢開合，意領丹田之氣循行周身。當
兩手向前推擠時，內氣由兩腳上行，會聚腰脊，傳於兩
臂、兩掌，形成始於腳，通於背，主於腰，形於掌的螺旋
勁。

第十一式　斜行拗步

　　【動作】身體右轉，重心略偏左後；隨即兩掌向右前

圖 3-53

圖 3-54

掤起，高與肩平，坐腕翻掌變捋
手至左胯側，腰往下沉，以臂帶
手翻掌左順、右逆纏；同時，右
腳外撇，提起左腿，重心完全在
右腿，成右獨立勢；左手置於左
額前，掌心向上，右手置於右胯
側，掌心向右下；目視左前方。
（圖 3-53、圖 3-54）

圖 3-55

　　此勢動作與第八勢「斜行拗
步」動作除銜接動作（動作一）
稍異，其餘動作均相同，可對照
參閱第八式圖 3-44—圖 3-47 的動作文字說明。（圖 3-55
—圖 3-58）

　　要點，也與第八式「斜行拗步」相同。

圖 3-56　　　　　　　　圖 3-57

圖 3-58

第十二式　再　收

此勢動作、方向和要點皆與第九式「初收」的圖
3-48、圖 3-49 相同，文字說明與圖照互相配合參閱。（圖
3-59、圖 3-60）

圖 3-59

圖 3-60

第十三式　前蹚拗步

此勢動作、方向和要點皆與第十式「前蹚拗步」的圖 3-50—圖 3-52 相同，文字說明與圖照互相配合參閱。（圖 3-61—圖 3-64）

第十四式　掩手肱捶

【動作一】身體右轉，胸腹微相合；以腰帶兩手弧線向右繞轉，右手順纏向右後方畫弧翻掌按至右胯外側，手心向下，左手向右

圖 3-61

上方順纏上掤至額前，手心向右上方，重心在右腿；目視右下方。（圖 3-65）

圖 3-62　　　　　　　　　圖 3-63

圖 3-64　　　　　　　　　圖 3-65

【動作二】心氣下沉，身體左轉，以身引左手，旋腰坐胯，左手隨之翻掌向左後方畫弧按至左胯外側，手心向

下；同時右手翻掌變逆纏向左上方畫弧上掤至右胸前，掌心向左上方，重心移至左腿；目視左前方。（圖3-66）

圖3-66

【動作三】心意左顧，以腰順纏領右手抓握成拳，向上逆纏旋翻手腕，拳心向下；同時，左腳內扣，向右轉體90°（東北轉東南方）；右腳順勢屈膝提頂，小腿鬆懸，腳底平展；左手隨之外旋，經左胯前向右上方順纏至胸前，肘往下沉，手變豎掌，指尖向上，掌心向右前方，形成左掌、右拳合於胸前的左獨立勢；隨即右腳隨沉氣重心下降蹬地震腳，重心移至右腿，左腳變虛，前腳掌虛著地，面向東南；目視右前方。（圖3-67、圖3-68）

圖3-67

圖3-68

【動作四】左腳向左前（東北）斜方邁出，重心仍在右腳，雙腿成偏馬步；目視右前方。（圖 3-69）

重心漸向左移，左掌變拳，兩手向背後掛肘，偏馬步漸變馬步，兩拳置於腹部兩側，拳心向上；隨即雙肘逆纏，身隨之上升，雙拳沿內弧線旋轉至胸前，高與肩平，拳背相對，成雙風貫耳勢。（圖 3-70、圖 3-71）

圖 3-69

圖 3-70　　　　　　圖 3-71

【動作五】身微右轉；同時，兩手翻轉變順纏合於胸前，左拳變八字掌，掌心向上，肘尖下垂；右拳置於胸前，拳心向內。（圖3-72）

身體繼續螺旋下降以蓄勁，重心迅速左移，由馬步螺旋轉變為左偏馬步，腰脊垂直，中正不偏；同時，右拳急向右前方發出，拳心旋轉向下，手臂曲蓄而不直伸；左手八字掌急收於左脅側；目視右前方。（圖3-73）

【要點解析】

此勢轉體變向成獨立勢，要求扣（左腳內扣）、擰（擰腰旋身）、提（右膝提頂）、合（左掌右拳相合）要一氣完成，轉進如風，獨立如盤。

震腳與發拳要體現剛勁。震腳時，要求腰、胯、膝、腳節節鬆開，整體下沉，意到、氣到、勁到，震地有聲；發拳時，要表現出捲放勁，捲為蓄，放為發，消息全在腰隙；擰腰轉胯起於腳，著身成捶由腰發，其纏絲勁寓於兩

圖 3-72　　　　　　　　圖 3-73

肱運行之中。

　　此勢內氣隨心意上下、左右運行不惰，心機一動，內氣即由丹田發出至手，周身之力全聚於拳。其勁由腳跟起，越腿肚，順脊上行至右肩膀，由胳膊運至手背。「掩手肱捶」一勢，典型的體現了《拳經》所言：「勁起於腳跟，主於腰間，形於手指，發於脊骨。」

第十五式　金剛搗碓

　　【動作一】身微右轉，同時右拳變掌順纏，向右後略收，左掌仍在左脅旁微逆纏以配合；隨即身體左轉，右手順纏、左手逆纏弧形向左膝外側交叉合勁，左手在上，手心向下，右手在下，手心向左前；目視右掌。（圖3-74）

　　【動作二】身體右轉，胸腹漸相開，重心漸漸右移，右腿外旋，左腿內旋；同時，以身領兩手，右掌順纏向右上、左掌逆纏向左下，對稱斜開；目視前方。（圖3-75）

圖3-74　　　　　　　　　　　圖3-75

【動作三】身體繼續右旋，心氣鬆沉，右手隨身右旋弧形向下鬆落於右胯側，重心落於左腳；右腳向前上半步，前腳掌虛著地，同時右手前撩，左掌合於右手臂肘窩上，形成合勁；目視前方。（圖 3-76）

【動作四】與第二式「金剛搗碓」中的圖 3-10—圖 3-12 的動作相同，文字說明可互相對照參閱。（圖 3-77—圖 3-79）

【要點分析】

此勢與前兩個金剛搗碓不同處是，第一個金剛搗碓突出表現幾對不同方位的纏絲勁；第二個金剛搗碓是上承單鞭兩肱大開，轉為合勁；此勢金剛搗碓是上承掩手肱捶，神氣已盡散於外，「亦久散必聚，久開必合，這是陰陽自然之闔辟之」。因而，右腳下沉時，無須震踏，輕輕放下，「一則取其全神集合，欲變勢自覺靈動；一則歸其太

圖 3-76

圖 3-77

圖 3-78　　　　　　　　　圖 3-79

極原象，以見萬殊皆一本所發」（陳鑫語）。

第十六式　披身捶

【動作一】兩手向左右展開，高與肩平，掌心向下，鬆腰屈膝；雙臂徐徐向上掤起，重心全部移於左腳，右腳提起，隨即向右橫開一大步，重心右移，成馬步，開胯圓襠；同時，兩臂繼續上掤，隨右腳向右開步時向胸前順勢交叉合攏成十字手，左掌在外，右掌在內，成上合下開之勢；視左手前方。（圖 3-80、圖 3-81）

【動作二】兩掌變拳，鬆腰坐胯，身體右旋，右腿外旋前弓，左腿內旋蹬展；同時，右拳順纏至右肩前，拳心向左外；左拳逆纏至右腋下，拳心向右內，雙臂相合於右肩前；目視右拳前方。（圖 3-82）

圖3-80

圖3-81

圖3-82

【動作三】腰向左轉，重心左移，左腿前弓踏實，右腿伸展虛蹬；同時，以身領右拳徐徐順纏至左肩前，高與鼻尖平，拳心斜向裏；左拳逆纏至左胯外側，拳心向左下；目視右拳方向（此為右披身捶）。（圖3-83）

【動作四】腰向右轉，重心右移，右腿前弓踏實，左腿伸展虛蹬；同時，左拳旋腕轉臂順纏至右肩前，高與鼻尖平，拳心斜向裏；右拳旋腕轉臂逆纏，向右下纏繞至右胯外側，拳心向右下；目視左拳方向（此為左披身捶）。（圖3-84）

【要點解析】

披身捶其意即是以捶護身，以捶擊人。因而左右披身捶要求拳與拳合，肘與肘合，臂與臂合，膝與膝合，腳與腳合；胸要合住，腿根不可夾，襠要開圓，周身一齊合住，神氣不散，方能一氣貫通，衛護周身。

圖3-83

圖3-84

襠要求圓而虛靈，因「膝以下皆死煞，故全憑腰與襠轉動」。捶下披時由實變虛引化來勢，上折時由虛變實一合即出，總要轉關敏捷，陰陽互濟。

此勢要求在氣貼脊背和以腰為軸的前提下進行動作，因而心意一鬆，周身之氣皆歸於丹田，隨丹田內轉，內氣上行脊背，一股上行兩肩，通於兩臂，達於兩捶；另一股下行兩腿，達於兩腳；意領氣、領身、領拳，左旋右轉，川流不息，但中氣始終以腰脊為中樞。

第十七式　背折靠

【動作一】身體微向右沉，隨即向左旋轉，左腿外旋前弓踏實，右腿內旋微微伸展；同時，右拳從右外下逆纏轉臂變順纏緩緩地向左上方畫弧，引領至左肩上方，拳心向左前方，略高於肩，手腕領住勁；左拳旋腕轉臂變逆纏，弧形下落於左胯外側，拳心向左後方；目視左前方。（圖3-85）

圖 3-85

【動作二】身體繼續微左轉，胸腹微合，肘微下沉，右拳向左下順纏一小圈後轉臂變逆纏，擰裹著向右折靠，右手臂屈肘向右上方掤起，略高於頭，拳心向右上外；左拳在左胯側順纏一小圈後，以拳面緊貼於左腰部，拳心向外；隨即身體右轉，以右肩的背部，向右後靠，重心移向右腿；目視左腳尖。（圖 3–86、圖 3–87）

圖 3-86

圖 3-87

【要點解析】

拳能明乎中正之理不易，此勢身成斜勢，但「身雖斜而中氣要直」。

拳歌曰：「右拳落在神庭上，左拳叉住左腰間。身似側臥微嫌扭，眼神戲定左足尖。頂精領起斜寓正，襠間撐合半月圓。右肩下打七寸勁，背折一靠更無偏。」

可見此勢之要點是，斜中寓正，襠間撐圓，周身齊合，神氣不散，中氣要直，靠更無偏。

周身內氣隨心意循行周天，當意領背折靠時，內氣由丹田上行脊背，注於兩肩；當周身齊合時，氣即回歸丹田。

第十八式　青龍出水

【動作一】周身放鬆，重心左移，身微左轉；同時，身領右拳向右上方微逆纏，隨即轉臂變順纏向左下方弧形下落於左胯前，拳心向裏，拳眼斜向右上方，高與臍平；左臂自然向左後方鬆移，左拳鬆貼左胯；頭向左轉，目視左前下方。（圖3-88）

【動作二】胸腹微相開，身體微向右轉，重心右移；同時，右拳逆纏鬆落至胸前；左拳鬆握，置於左胯前；目視右下方。（圖3-89）

【動作三】腰向右轉下沉，胸腹相合，重心右移，右腿外旋弓屈，左腿內旋；同時，左拳變掌（八字掌）逆纏向右前方伸出，掌心向右下；右拳順纏屈肘置於腹部，拳心向裏；兩腳、兩膝、兩胯、胸腹、腰脊一起合住勁；目視左手八字掌食指方向。（圖3-90）

圖 3-88

圖 3-89

圖 3-90

【動作四】腰向左擰旋，腰脊繃緊，周身合住勁；同時，右拳轉臂變逆纏，腰脊右旋帶動兩臂突然發力對開，右拳像脫弦之箭，向右前以拳輪和前臂尺骨發勁擊出，拳輪向前，高與臍平；左手順纏以右拳發勁的同樣速度收回，置於左腰間；目視右前方。（圖3-91）

【要點解析】

此勢何以稱為「出水」？意即右拳出手「在向下的半圓終點帶有向上的勁，所以又名之為出水的抖勁」，是「物將掀起而加以挫之」之意。

從太極拳發勁的角度看，它屬於四隅手中的挒勁，其特點是一種短距離的擊打，所以又稱「寸勁」。

內氣隨心意而發。當周身合住勁時，內氣蓄於丹田，隨兩臂發對開勁，丹田內氣一股循脊背上行兩肩，經前臂，達拳輪。另一股內氣，經會陰，沿兩腿內側，達雙腳湧泉。

圖 3-91

第十九式　雙推手

【動作一】隨心氣鬆領，身微右轉，重心微右移；同時，右肘微向裏合，右手隨即畫弧線順纏向左下捋至腹前，手心向左下，指尖向下，重心移於左腿；左手貼腹小逆纏一小圈，回到原位置；目視左下方。（圖3-92）

右手繼續左引，至與左手相合時，隨即旋腕轉掌，手心變為朝右前方，手背朝左後方，與左手背交搭相合，兩臂抱圓，徐徐畫弧向右前方掤擠；同時，重心右移，右腿隨之外旋前弓踏實，左腿隨之內旋，微微伸展；目視兩手方向。（圖3-93）

圖 3-92

圖 3-93

【動作二】身微右轉，兩手微向右上方鬆引，腰旋折疊，隨即兩手旋腕向前伸展，手心向上，右手置於右肩前，左手置於右腋下方；同時，右腿外旋前弓，左腿內旋微蹬展，臀部下沉；目視右手前方。（圖3-94）

【動作三】身向左轉，當重心全部移至左腿時，左腳以腳跟為軸向左外撇；右腳跟提起，以腳尖擦地向左畫弧線，轉體180°，即面向西轉為面向東，右腳以腳尖點地置於左腳前方；同時，兩手隨身體左旋，右手仍置於右肩前，左手仍置於右腋下方；目視右手前方。（圖3-95）

【動作四】身體繼續左轉，重心繼續左移；同時，兩手左逆右順纏翻掌分置於左胸前，掌心相對，指尖上豎。（圖3-96）

【動作五】右腳順勢向右前邁出一步，重心隨即移於右腿，左腳向右併步，以腳尖點地落於右腳旁，身體右轉（面向東方）；同時，兩臂合住勁，以身領手隨轉體向前

圖3-94

推擠，兩手與兩乳對齊，手心皆向前下方，指尖斜向上，
虎口相對；目視前方。（圖 3-97）

圖 3-95

圖 3-96

圖 3-97

【要點解析】

此勢為合手前擠之勢，要求兩臂抱肩合肘與腰脊圓撐相配合，特別要求上下要相隨，在左蹬右弓合手上步前擠時，要體現出「周身一家」催身前擁，身到、手到、腳到，意有排山倒海之勁力。

「一開一合足盡拳中之妙」，內氣隨開合而行，身背面為陽，胸腹為陰，雙手左逆右順纏合勁，是由陽而合於陰，是為上下一氣。當催身前擁之時，內氣由丹田上行至脊背，經兩臂、肩、肘到兩手，節節貫注；而另一股內氣分行兩腿達兩腳，形成上下合一的前擠勁。

第二十式　三換掌

【動作一】周身放鬆，身體右轉下沉，重心仍在右腿；同時，兩掌隨腰右轉微向前，左逆纏右順纏前後對拉開，右掌向裏收回，置於右胸前，掌心斜向裏，左掌轉臂向前平伸，高與肩平，掌心旋轉向上；目視左前方。（圖3-98）

【動作二】腰緩緩左轉，左腿外旋，右腿內旋，塌腰坐胯，五趾抓地踏實，左腳以腳尖點地為軸外展；同時，右掌順纏翻掌轉逆纏，經左手心上方向前推擠，掌心斜向前，指尖斜向左前上方；左手隨轉體向後拉回至胸前，掌心向上；目視右掌前方（此為第一掌）。（圖3-99）

【動作三】腰緩緩右轉，右腿外旋，塌腰坐胯，五趾抓地踏實；左腿內旋，腳尖點地，腳跟隨勢外展；同時，左掌順纏翻掌轉逆纏，經右手心上方橫掌向前推擠，掌心斜向前，指尖斜向右前上方，高與肩平；右掌順纏翻掌屈

肘收回，向後拉至胸前，掌心向上；目視左掌方向（此為
第二掌）。（圖 3-100）

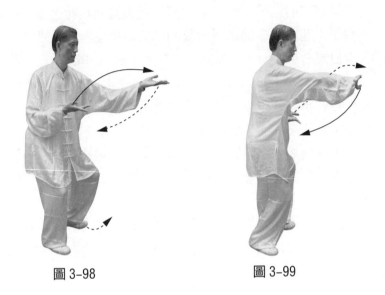

圖 3-98　　　　　　　　　　圖 3-99

圖 3-100

【動作四】腰再向左緩緩回轉，右腿內旋，左腿外旋，左腳跟內轉；同時，右掌順纏翻掌轉逆纏，經左手心上方橫掌向前推擠，掌心斜向前，指尖斜向左前上方，高與肩平；左掌順纏翻掌屈肘收回，向後拉至胸前，掌心向上；目視右掌前方（此為第三掌）。（圖3-101）

【要點解析】

三換掌內外虛實轉換，兩手前後交替推掌，其身法皆以中定為基礎，重心始終在右腳上。

虛實內換全在腰腎，外換即在兩掌。右換掌時，右腰腎為實，左腰腎為虛；左換掌時，左腰腎為實，右腰腎為虛，內外虛實轉換，又互為其根。

此勢胸腹開合折疊和腰腎虛實轉換，使內氣得以周流運轉。內氣由命門而出，上至兩肩、兩臂，當左手領氣逆纏推擠時，內氣貫注指梢；右手順纏拉回時，內氣回流丹

圖 3-101

田，如此往復，氣隨意到，勁隨氣到。

第二十一式　肘底捶

【動作】身向左轉，右腿內旋，左腿外旋，腳尖點地；同時，左手逆纏向右下，右手順纏向左上，兩臂交叉畫弧一齊並運，手心皆向下，高與肩平；當兩臂相開時，身體轉向右螺旋下降，左手逆纏變順纏，旋腕墜肘，豎起前臂變立掌，掌心向右，右掌變拳順纏自右向左合前臂置於左肘下方，拳心向裏，形成兩臂左逆、右順一齊並起，一齊並運，左肘在上，右拳在下，胸微含蓄，一齊合住之勢；目視左掌前方。（圖3-102、圖3-103）

【要點解析】

此勢合住勁，需用纏絲法，不用纏絲法形似合住，其內勁未曾合住。纏絲不是徒手轉圈，實內氣在左右手中運

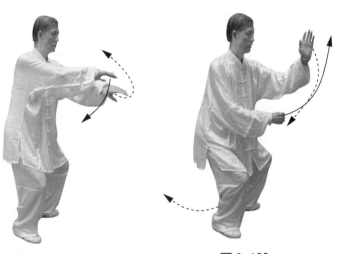

圖3-102　　　　　　　　　　圖3-103

動纏繞，其內勁發自指肚。當右手順纏時，其勁由指肚斜纏至右腋下，前臂內合時，再由腋下轉回至指肚；左手逆纏內勁也皆如此運動纏繞，對開對合，其勁才能合得住。

第二十二式　倒捲肱

【動作一】腰向右轉，重心下降，鬆胯、屈膝，左腳尖點地腿逆纏裏合，右腿微順纏，重心移至右腿；左手隨之順纏上引，隨即腰向左轉，左手變逆纏而下落至腹部前；右手拳鬆開變掌自左肘內側向上穿出至右額前，掌心斜向左前方，指尖向右上方；同時，左腳以前腳掌貼地經右踝旁向左後方弧形撤一大步，左腿變實，重心隨之後移；左掌隨左腳後撤，由腹部弧形下将至左胯外側，沉肩、墜肘，腕下按，掌心向下，指尖向右前；目視右手中指尖前方。（圖3-104）

【動作二】腰向左轉螺旋下降，右腿逆纏轉順纏，左腿順纏轉逆纏，腰腹相合；同時，兩手隨之內旋，掌心向上，各順纏一小圈，然後大順纏前後伸展相開；右腿屈膝前弓，五趾抓地踏實，左腿伸展前蹬，重心隨之右移；目視前方。（圖3-105）

【動作三】重心隨即左移，身體右轉；左手自左下而上旋腕轉臂由順纏變逆纏，弧形向前經左耳推至胸前，掌心斜向右前；右手自右上左纏下落胸前，掌心向左前，與左前臂相交叉；同時，右腳隨之提起，前腳掌貼地後撤，經左踝旁向右後以弧形撤一大步，重心後移，右腿變實；隨右腳後撤，左手逆纏向前推擠至左額前，掌心斜向右前方，指尖斜向上；右手在胸前經左前臂交叉而過，隨右腳後撤向後下方

弧形捋至右胯側，沉肩、墜肘、腕下按，掌心向下，指尖向
左前；目視左手中指前方。（圖3-106、圖3-107）

圖3-104

圖3-105

圖3-106

圖3-107

【動作四】與動作二、動作三相同，唯左右相反，其文字說明略，不贅述，但動作圖照連貫，不間斷，其好處即可從圖照正面看清反面拳勢如何動作。（圖 3-108—圖 3-111）

圖 3-108

圖 3-109

圖 3-110

圖 3-111

【要點解析】

何為倒捲肱？腳退行，左右手一替一回，更迭往後倒而捲之；肱者，即不留情以胳膊盡力擊之。

此勢陰陽來回更換，但退行有正無偏。成勢時，兩臂的肩、肘、手前後相應相合，並與兩腿的胯、膝、腳上下相照相應；身雖後坐，而意領向前，自然平準無偏。

此勢內氣運行，隨倒捲運行循環往復，陰陽二氣則形成倒轉運行的太極圖。皆知，內氣隨纏絲勁循行周身。人之一身，纏絲運動路線共有兩條，即一條是自左腳跟至右手指，另一條是自右腳跟至左手指，中間交叉於腰，形似算術題中的「×」號（乘號）。

當起於左腳跟的逆纏向上發到腿上，形成膝頭由外向內旋（逆纏），上升到胯，自然斜著通過腰脊，引腰脊右旋折疊，再轉到右臂上去，右手沿螺旋曲線由內向外旋轉上掤，自然也就成了手的順纏。

而起於右腳跟的順纏向上發到腿上，形成膝頭由內向外旋（順纏），上升到胯，也自然斜著通過腰脊，引腰脊左旋折疊，再轉到左臂上去，左手沿螺旋曲線由外向內旋轉下捋，自然也就成了手的逆纏。

可以看出：在一條斜線上，如果左腳是逆纏，右手必然是順纏；如右腳是順纏，左手必須是逆纏。

如果在這條直線上，考慮到腿與臂的弧線運行因素，那麼這條直線就成了一條「S」形線。如果再在「S」形線外邊加上一個圓圈「○」，豈不成了一個太極圖「⊘」象。

正如陳鑫說：「手中日日畫太極，此道人人皆不

識。」「所畫之圈有正斜，無非一圈一太極。」「每日細玩太極圖，一開一合在吾身。」

陳鑫指出：「氣機行於肱內，皆纏絲勁，言手而足在其中。」因而所知，腳與手的逆纏是入勁，而腳與手的順纏是出勁。如果兩腳逆纏，兩手同時順纏而發，就不難理解「勁起於足，主於腰，行於指」的經典論述。

第二十三式　退步壓肘

【動作一】身心放鬆，腰微左轉，左手鬆落於左胯旁，右手隨身體向左蓄引之勢屈肘逆纏鬆落至左腹前；隨即腰向右轉，左手順纏轉臂變逆纏至右腹前與右前臂相交叉，掌心皆向內，重心移至右腿；目視左手前方。（圖3-112、圖3-112附圖）

【動作二】心氣下沉，腰再左轉，上體微向前傾，胸腹相合，隨之右腳提起腳跟，以腳尖貼地，經左踝內側向

圖 3-112

圖 3-112 附圖

右後斜方弧形撤步，當撤至落步點時，腳跟向後發挫頓勁，重心後移；同時，右肘隨右腳後撤上掤內扣，由下旋壓至左手臂之上；左肘隨之左扣外挑，經右手裏側旋轉上掤，左掌逆纏，以手指貼右脇而上，向左前伸展，掌心向下；右手順纏，以手指貼左脇而上，向左前伸展，掌心向下；隨即兩手徐徐相開，左掌在前、右掌在後，指尖皆向左前方；鬆腰坐胯下蹲，重心移至右腿；目視左手方向。（圖3-113、圖 3-113 附圖、圖 3-114、圖 3-114 附圖、圖3-115）

【要點解析】

此勢為兩臂磨盤纏絲勁，兩臂以肘為軸，身以腰為軸，腿以膝為軸，上中下同時旋轉纏繞，並與胸腹折疊相互配合。肘下壓時要與膝相合，全身一合俱合；右腳後撤步發挫頓勁時，要沉穩、凝重，寓有背靠、臀靠、胯靠之意。

圖 3-113

圖 3-113 附圖

圖 3-114　　　　　　　圖 3-114 附圖

圖 3-115

　　周身勁氣，隨心意磨盤纏絲圈上下、左右盤繞循行，當右腳後撤、兩臂向前伸展之時，內氣由丹田經背脊上行兩肩，注入兩肘；同時下行兩膝注入兩腳。

第二十四式　中　盤

【動作一】腰向右轉，身微後旋，重心後坐，兩腿左逆、右順纏向右側旋轉至與右腳跟相齊時，隨即轉左順、右逆纏，隨腰向左前旋轉，左腿前弓踏實，右腿後蹬，重心隨之前移；同時，左手以腰為軸，沿右上左下順纏翻掌落至左膝前，手心向上，指尖斜向左前方；右手緩緩鬆落至右胯側，手心向下，指尖斜向右前方；目視左手方向。（圖 3-116）

【動作二】腰向右轉，左手隨身右轉下落至左腹前，掌心向右下；同時右手逆纏轉向右後上舉，掌心斜向左，指尖向上，略高於頭；隨著右手上舉，右腿屈膝向左上提頂，高與腰齊，成左獨立勢。（圖 3-117、圖 3-117 附圖）

圖 3-116

圖 3-117 圖 3-117 附圖

腰微左轉，勁氣下沉，右腳鬆落震腳，落於左腳右側旁，重心隨即移於右腿，左腳跟隨之提起；同時，左手移於右脅前，掌心向右下；右臂屈肘以肘尖自上而下隨右震腳下沉，與左前臂交叉於右脅前，掌心向左前，指尖向上；目視左前方。（圖 3-118）

【動作三】腰向右轉，右腿屈膝坐胯下蹲，重心下沉，完全落於右腳，左腳向左後（約 15°）橫開一步；同

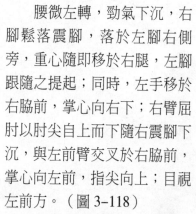

圖 3-118

時，兩手微相合，隨即腰向左轉，重心左移；兩手隨腰左轉順纏外掤，左手向左上，右手向右下分別展開；當左手上掤至左額前，右手下捋至右胯側時，腰微向右迴旋，重心下降，掌心皆斜向右前方，形成斜開，中盤定勢；目視前方。（圖3-119、圖3-119附圖、圖3-120）

圖3-119　　　　　　　　　　圖3-119附圖

圖3-120

【要點解析】

此勢在纏繞蓄合、兩臂斜開時要充分體現陳式太極拳「欲開先合」「欲左先右」和「合中寓開」的特點，其消息全在腰間，內氣需貼脊背。當欲向左開時，先向右外下旋腰一轉，這樣就會在合中寓有開勁；當重心向左移，兩臂斜開時，成勢之前，腰向右要迴旋下沉，落胯坐實，但襠口的高度不得低於膝，低者即成「蕩襠」，拳家稱此為病。

同時，還要注意兩臂斜開時要對稱相開，圓轉相連，左右平準，不失中定。

內氣循行，其原則要明，即：動則生陽，靜則生陰，一動一靜，互為其根，此太極拳之本然。當大小周天相通之後，氣便能隨心意而行，才能真正體會到一動一靜一周天之妙。

陳鑫云：「能與人規距，不能使人巧，舉一反三全在學者。」以上二十幾個拳勢，未贅述勢中每一動作氣如何循行，如那樣做會把人的思想搞亂，讓人感到是玄學，使人越看越不懂，越學越煩惱。因而，本拳套所言勁氣循行，只講每勢成勢前的勁氣運行，過渡勢不贅述。其意是讓人懂得「出勁、入勁之訣」。

比如，中盤一勢，在兩手相蓄相合未開之時，它是中盤成勢前的一動作，這時講清內氣運行路線，才能給人以「規距」，學者才能舉一反三。相蓄相合之時，內氣會在丹田中不停地鼓蕩，當兩臂徐徐斜開之時，內氣由丹田後行，沿脊背上行頭頂，下行兩臂，達手指尖；當腰向右迴旋定勢之時，內氣由手指，沿兩臂內側回至丹田；另一股分行兩腿，達湧泉。此為講規距，而不贅述。

第二十五式　白鶴亮翅

【動作一】腰微左轉，隨即
右轉，以腰帶右腿提起，右腳向左
併步，以腳尖點地置於左腳斜前
方，重心移至左腿；同時，右手順
纏轉臂向左至左腹前，掌心向左前
方；左手逆纏屈肘合於右手臂之
上，掌心向右後；目視右前方。
（圖 3-121）。

圖 3-121

【動作二】與第七式「白鶴
亮翅」的動作三圖 3-40、圖 3-41 相同，不贅述。但為了拳
套承上啟下、套路不斷之作用，圖照按序刊登，以後不贅
述。（圖 3-122、圖 3-123）

圖 3-122

圖 3-123

第二十六式　斜行拗步

此勢動作與要點皆同第八式「斜行拗步」，可對照參閱圖 3-42—圖 3-47 及文字說明。（圖 3-124—圖 3-128）

圖 3-124　　　　　　　圖 3-125

圖 3-126

圖 3-127

圖 3-128

第二十七式　閃通背

【動作一】腰向右螺旋下降，右手隨之順纏轉臂翻掌朝下；左手逆纏向右合勁，以掌貼於右前臂下側，掌心向

圖 3-129

圖 3-130

裏；同時，兩腿下蹲為馬步，成兩臂抱肘下蹲勢；目視左前方。（圖 3-129）

【動作二】腰微向右旋，重心移至右腿，以右腳跟為軸，兩臂合住向左後轉體，左腳隨轉體弧形向左後撤一大步（面東南轉面東北），重心左移，鬆腰坐胯，馬步不變；目視右前方。（圖 3-130）

【動作三】身微下蹲，兩臂微合，兩手順纏轉逆纏向左右分別展開，左手在左肩後向裏屈肘翻掌使掌心向右前，弧形運至左額前；同時，右腳以腳跟為軸，身體右轉，左腳腳尖點地輾轉；右手隨體沉肘轉臂置於右胯側，手心向下；隨即左腳向前邁一步，前腳掌著地，重心後移，鬆腰坐胯；左手經胸前向左後下按，掌心向下；右手旋腕轉臂向前伸展穿掌，在胸前與左手交叉而過，掌心向上，指尖向前，高與喉平；目視右手前方。（圖 3-131、圖 3-132、圖 3-132 附圖）

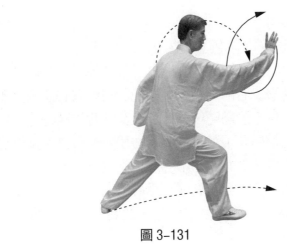

圖 3-131

圖 3-132

圖 3-132 附圖

　　【動作四】心氣放鬆，重心下降，左腿順纏，右腿逆
纏，腰向左下旋轉，上體轉向左側；同時，兩手左順、右
逆纏向左弧線緩緩鬆落，隨鬆落以肘為軸旋腕翻掌，右手

置於胸前，左手置於左胯外側，手心皆向外，指尖皆向下；目視左手方向。（圖3-133、圖3-133附圖）

【動作五】腰微左旋，隨即以左腳跟為軸，身體迅速圓活向右後轉體；右腳以前腳掌貼地隨轉體向右後撤步弧形後掃半圈，重心隨勢略後移，腳跟落地時後挫蹬地，兩腿隨之開胯圓襠屈膝下蹲；同時，右手隨體順纏大弧線翻落下按至右胯旁，掌心向左下方，指尖向左前方；左手隨體逆纏轉半圈，翻落至左肩前，手心斜向右下方，指尖斜向前上方，高與肩平；目視前方（此為閃通背定勢）。（圖3-134）

【要點解析】

此勢為倒轉身法，轉體要圓活無滯，渾然一體；兩手翻轉與轉身、撤步密切相關聯，要一氣呵成；定勢應沉著

圖3-133

圖3-133附圖

圖 3-134

穩健，上下相合，前後相照，意到氣到，神形合一。

　　此勢核心即需明何為閃通背？閃者，不難明。如有人摟住後腰，以腰向前猛一彎，頭與肩往下一低，用後面長強與環跳（即大腿外骨）往上用力挑其小肚，敵自從吾頭上閃跌顛翻在地。

　　難明者，即為「通背」。何為通背？其實是指中氣之運行路線。皆知，小周天內氣循行，先督脈，後任脈環行一周。而「通背」內氣循行正相反，即內氣先沿任脈逆行而上，至頭頂百會；再由百會順行督脈，下通長強、會陰。

　　此勢末節，倒轉身時，內氣由丹田沿任脈上行百會，在由百會下行督脈，通於長強、會陰，形成內勁逆行，故稱通背。

　　拳歌曰：「肩背何由號閃通，督至長強是正中。從下翻上為倒勁，敵閃到前在我躬。」

第二十八式　掩手肱捶

此勢動作與要點，皆同第十四式「掩手肱捶」，可對照參閱圖 3-65—圖 3-73 及文字說明。（圖 3-135—圖

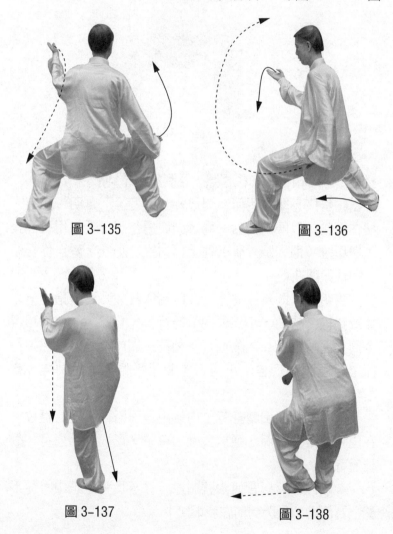

圖 3-135

圖 3-136

圖 3-137

圖 3-138

3-141）

　　此勢唯不同處，即方向不同。「掩手肱捶」成勢時，左腳在東北，右腳在西南；而此勢成勢時，正相反，左腳在西南，右腳在東北。

圖 3-139

圖 3-140

圖 3-141

第二十九式　六封四閉

【動作一】腰微右轉，左腿微向裏逆纏，隨即轉順纏向外轉；右腿順纏外轉再逆纏向裏，重心微後移，兩腳踏實；同時，右拳變掌順纏轉臂捋至胸前旋腕翻掌，掌心向外；左手小逆纏掤至胸前，掌心向裏；與右手背相合、相貼；隨即腰向右旋，兩手隨體右轉，兩手背合住勁向右前方擠出；目視右前方。（圖 3–142）

【動作二】腰向左轉，重心全部移於左腿，左腿以左腳跟為軸向左轉踏實，右腿隨之向前提頂；同時，右手隨右腿順纏上托，手心斜向上；左手逆纏轉臂，手心向裏下，以腕弧形向左上掤，五指斜下垂；目視右手前方。（圖 3–143）

【動作三】腰左轉螺旋下沉，重心全部移於左腿，右腿上提，左腿以腳掌為軸外碾向左微轉體；同時，兩手順

圖 3–142　　　　　　　　　圖 3–143

纏隨體左轉翻掌分置於兩肩外側，掌心斜向外；隨即右腳向前邁一步，左腳跟隨向右併步，以前腳掌點地置於右腳旁，重心移於右腿；兩掌合勁隨左腳併步同時向右下按，兩手指尖向前略向內，成「八」字形狀；目視右前下方。（圖3–144）

【要點解析】

參閱第四式「六封四閉」的要點解析。

圖3–144

第三十式　單　鞭

此勢動作與要點皆同第五式「單鞭」，可對照參閱圖3–23—圖3–29及文字說明。（圖3–145—圖3–150）

圖3–145

圖3–146

圖 3-147

圖 3-148

圖 3-149

圖 3-150

第三十一式　運　手

【動作一】腰微左轉再向右轉，重心右移；同時，右
勾手變掌，左臂內旋轉外旋，右臂外旋轉內旋，兩手在胸
前纏繞一小圈；腰隨之向左轉，兩手置於胸部兩側，手心斜
向外，指尖向右上；隨即右腳向右橫開半步，踏實，左腳隨
之向右移半步，前腳掌點地；兩手隨轉體自上而下向右畫弧
推擠，右手置於右肩側，高與肩平，左手置於右腹前，掌心
皆斜向右，指尖斜向外方；目視右前方。（圖3–151）

【動作二】身體微下蹲，腰向右轉，重心移至右腳，
下沉踏實，左腳隨即向左橫開一步；同時，兩手隨之略向
左掤以對應，右手順纏向右上方弧形伸展，略高於肩，手
心向右外；左手隨之向右弧形上提至右前臂內側，手心向
右內；目視前方。（圖3–152）

圖3–151　　　　　　　　　圖3–152

【動作三】腰向左轉，重心左移，右腳提起經左腿後側向左插步；同時，左手逆纏轉臂沿順時針的右弧線上提並向左側弧線捋展，至左肩前方，略高於肩，手心向左，指尖斜向右上方；右手順纏轉臂沿逆時針的右弧線下落至腹前左側；目視左手方向。（圖3-153）

【動作四】腰向右轉，重心右移，右腿屈膝前弓踏實，左腳提起向左橫開一步；同時，右手逆纏轉臂沿逆時針的左弧線上提並向右側弧線捋展，至右肩前方，略高於肩，手心向右前方，指尖斜向左上方；左手順纏轉臂沿順時針的左弧線下落至腹前右側，手心向右，指尖斜向右下方；目視右手方向。（圖3-154）

【動作五】與動作三相同，其文字說明可參閱動作三的文字說明。（圖3-155）

圖3-153　　　　　　　　圖3-154

圖 3-155

【要點解析】

　　此勢是橫向移步，兩腳更迭，轉機不能停留。姿勢不能站高，高站則成「尖襠」；亦不可低站，過低則成「蕩襠」；需在不尖不蕩的情況下進行動作，即要求圓襠，圓襠是產生腿部纏絲暗勁必具的形式。

　　全身心氣放鬆，「中氣貫脊中，不可歪一處」。內氣從丹田沿督脈上行分行兩肩，當右手順纏一圈時，前半圈內氣由腋裏邊向外斜纏到指，後半圈則由指向裏斜纏到腋下；左手亦然。至於兩腳，當右腳前半圈由腿根內向外纏到趾，後半圈則由趾自外向裏纏至腿根。

　　訣曰：「雙手領雙足，左右東西舞。先由左手領，右手隨後行。橫行步法奇，纏絲皆向外。中氣貫脊中，不可歪一處。」

第三十二式　高探馬

【動作一】腰微右轉，重心右移，左腳向左前斜方開一步，雙腿屈膝前弓，圓襠落胯，下蹲成馬步；同時，左手逆纏收於胸前，右手順纏與左手交叉於右胸前，右手在上，左手在下，手背相合相對；隨即腰向左轉，兩手逆纏經面前分向兩側向上畫弧伸展至兩肩側，手心向外，指尖斜向上，高與肩平；目視右前方。（圖3–156）

【動作二】腰向左轉，左腳外撇隨之轉體（面向西南轉面向東南），右腳提起向左前上半步落於左腳前側，腳尖點地，屈膝下蹲；同時，兩手左逆右順纏交叉於左胸前，左手在上，右手在下，手心相合相對；目視左前方。（圖3–157）

【動作三】腰向左轉，重心移至左腿，右腳向右後（西南）斜開一步，隨即腰向右轉，兩腿屈膝前弓，圓襠

圖3–156　　　　　圖3–157

落胯，下蹲成馬步；同時，兩手逆纏經面前分向兩側向上畫弧伸展至兩肩側，手心皆向外，指尖斜向上，高與肩平；目視左前方。（圖3-158）

【動作四】腰向左轉，重心右移，隨即以右腳跟為軸，腳尖內扣，腰胯後坐，重心全部移於右腿；左腳隨體左轉，向後拉撤步至右腳旁，腳前掌虛點地；同時，左手屈臂收回至腰左側，手心向上；右手逆纏至右耳側，轉臂順纏向前推出，掌心向外；目視前方。（圖3-159）

【要點解析】

何為高探馬？如馬高大，騎之，而以手先探其鞍轎。此勢右手與肱向前推，左手裏收與左腳後撤步，如整鞍探馬勢。其成勢過程，右手是順轉勁，左手是倒轉勁，因而要求，右手推出、左手裏收與左腳撤步，三者須協調一致，體現出前後開中寓有合勁，不可有中斷凹凸處。

圖3-158

圖3-159

此勢手在外而實，心在內而虛，胸要含蓄，氣貼脊背。當兩腳左虛右實、膝開而合時，內氣隨纏絲勁沿督脈上行至脊背，內氣運於右手成為順纏勁，運於左肘尖而成為倒纏勁。

第三十三式　右擦腳

【動作一】腰自下而上向前繞轉，帶動右手順纏下捋至腹前，手心斜向上，重心仍在右腿，身體先右後左旋轉；同時，左手在腹前小逆纏，右手旋腕轉逆纏，手心翻轉向外，在腹前以腕背與左手背相合，兩臂撐圓向右前方掤出，高與肩平；目視前方。（圖 3-160）

【動作二】腰微左轉，右手順纏向右前掤，左手逆纏弧形向左下展開，手心皆向外；同時，左腳提起向右腳前蓋步，成交叉步，腳尖外撇落地；隨即右手順纏自右而上向左弧形下落腹前，手心向上，指尖向左；左手旋腕轉臂自左而上向右弧形下落至右臂上，手心向下，指尖向右，以左前臂搭在右前臂上，兩臂合抱，兩膝前屈下蹲；目視右前方。（圖 3-161）

【動作三】身體向上伸展；同時，兩手順纏經面前向左右畫弧，右手舉於頭右側上方，手心向右前，指尖斜向左上方；左手向左展開，手心向左後，指尖斜向右上方；目視右前方。（圖 3-162）

【動作四】重心移至左腳，右腳腳面繃平向右前方踢起；同時，右手下落迎擊右腳面，左手也隨著向左後下落；目視右前方。（圖 3-163）

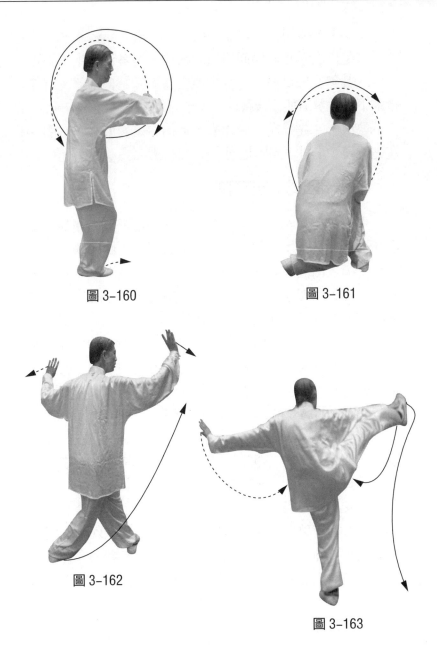

圖 3-160

圖 3-161

圖 3-162

圖 3-163

【要點解析】

本勢以右手拍右腳面用之順纏法，但身法要中正不可歪斜。其勢左膝微屈，左腳方能立穩，「胸向前彎，臀往後霸下，就勢方能前後撐住，不至傾倒」（陳鑫語）。

訣曰：「先將左足向北橫，上抬右足面展平。右手從左先繞轉，上打下踢兩相迎。」

第三十四式　左擦腳

【動作一】右腳向前半步下落，右腿略向右屈膝，腳尖外撇踏實，身體右轉，重心移至右腿，兩腿屈膝，成交叉步下蹲，由面北轉向面南；同時，兩手弧形降落向裏、向上順纏，兩臂左上、右下交搭於胸前，右手心向上，左手心向下；目視前方。（圖3-164）

【動作二】身體向上、向左伸展；同時，兩手經面前向左右兩側分開，左手舉於頭左側上方，手心向左前方，指尖斜向右上方；右手置於右肩後，手心向右後方，指尖向左前方；目視左前方。（圖3-165）

【動作三】重心移至右腿，左腳腳面繃平向左前方踢起；同時，左掌下落迎擊左腳面，右手也隨著向右後下落；目視左前方。（圖3-166）

【要點解析】

此勢接上勢，右手剛迎擊完右擦腳，身法就倒轉回，由面北而轉向面南，隨即又打左擦腳；兩勢轉換盡在一合一開之間，因而要求「頂勁領起，襠勁下去」，兩臂合住勁，這樣，左腳提起，右腳方能穩定。此為「終則有始」，無間斷處。

圖 3-164　　　　　　　　圖 3-165

圖 3-166

第三十五式　左蹬一根

【動作一】左腳自然下落，以右腳跟為軸，身體向左後轉 135°，左腳隨轉體落於右腳左側，前腳掌虛著地，重心移於右腳，身體隨之下沉；同時，兩手向腹前逆纏交叉，掌心皆斜向外，指尖斜向下，面向北；目視左前方。（圖 3–167）

【動作二】腰微下沉，重心左移，左腳由虛變實，隨即右腳向右橫開一步，左腿屈膝隨之提起；同時，兩手變拳，隨橫開步逆纏一個圈交叉合勁於腹前，左臂在外，右臂在內，拳心皆向內；目視左前方。（圖 3–168、圖 3–168 附圖）

圖 3–167

圖 3–168

圖 3–168 附圖

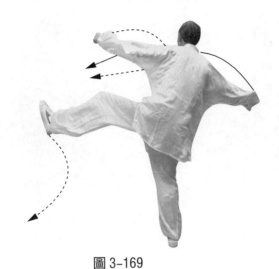

圖 3-169

【動作三】右腳五趾抓地踏實，隨即左腳腳尖翹起，陡然全身發力以腳跟向左側快速蹬出；同時，兩拳猛然向上、向左右兩側分別發勁彈出，拳心向下；目視左前方。（圖 3-169）

【要點解析】

此勢要求「動而健，剛而應，如雷之疾，而立足要穩」。其要意頂勁領好，右腿微屈，臀往後坐，即為「霸住」。雖腳向西蹬，身往東斜，然其勁東西用力，停而才能得其中正。此「身法偏斜，是亦中正之偏，偏中有正，具有真意」（陳鑫語）。

此勢心氣要放鬆，中氣貼於脊背，勁由心發，氣到勁到。

當兩手逆纏合住時，內勁由指肚收於腋肩臂；兩腿逆纏下蹲，勁由腳趾上纏過膝，至大腿根，此皆為逆纏勁，

圖 3–170　　　　　　圖 3–171

是入勁。

　　當左腳迅速蹬出時，內勁起於腰行於股，過膝至趾；兩手順纏向兩側彈出，兩肱之勁，行於肩，過肘至指，此皆為順纏勁，是出勁。

　　打拳「視聽言動，皆在規矩中」，懂「入勁」和「出勁」，才窺其拳之真訣。

第三十六式　前蹚拗步

　　【動作一】左腳收回提起，向左前方落步；右腿漸漸伸展前蹬，重心前移，腳掌踏實向外旋碾，身體隨之向左旋轉45°，面向東北；同時，兩手變掌，左手順纏至胸前，手心向後，指尖向右；右手逆纏以掌根搭於左腕內側，手心向左前，指尖向左上方，形成向前推擠之勢；目視左前方。（圖 3–170）

　　【動作二】與第十式「前蹚拗步」動作相同，唯方向

圖 3-172　　　　　　　圖 3-173

不同，第一個前蹚拗步是面向東北，而此勢是面向西南。
（圖 3-171、圖 3-172）

【要點解析】

此勢要點及文字說明均與第十式「前蹚拗步」相同，
可互相對照參閱。

第三十七式　擊地捶

【動作一】腰向右轉，兩手向右掤舉旋轉一圈，隨即
向左下畫弧轉臂捋帶，手心向外，指尖斜向左下，置於身
前兩側；同時，重心移至右腿，並屈膝前弓，左腿向右前
伸蹚；目視右前方。（圖 3-173）

【動作二】腰微右轉，重心完全移於右腿，隨即右腳
尖外撇，左腳提起斜上步，落於右腳左側，前腳掌虛著
地，右腿屈膝下蹲，右腳踏實；同時，兩手變拳隨轉體，
右拳順纏置於右胸前，拳心向左；左拳置於左額上方，高

與頭平，拳心向右；目視前
方。（圖3-174）

【動作三】腰繼續右
轉，身體下蹲，重心完全落
於右腿，隨即左腳提起向左
前邁出一步，踏實屈膝前
弓；右腿隨之向前伸蹬，身
體向前傾俯；同時，左拳逆
纏屈肘向左上方繞舉，拳心
朝外，拳眼向右；右拳由外
向裏逆纏一小圈向前栽拳下
擊，拳面向下，拳心向裏；
目視下方。（圖3-175、圖3-175附圖）

圖 3-174

【要點解析】

此勢為鋪身法，左腿屈膝離乳甚近，腰彎向下，背高

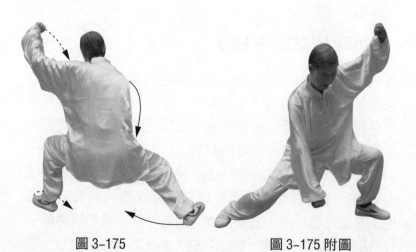

圖 3-175　　　　　　　圖 3-175 附圖

於臂，右手向地面上擊一捶。

　　其實此勢接「左蹬一根」，與「前蹚拗步」原本為一勢。即左蹬腳將敵人蹬仰臥在地，因恐其復起，故左腳先向前開一步（前蹚拗步），復右腳又繼開一步，接著左腳再往前開一大步，連上三步，趁其未起來而又向其身再擊一捶。因而此勢也稱謂「上三步」。

　　此勢身雖俯僂於地，但身法端莊而正無偏，浩然元氣貫其中間。成勢其法：「腰大彎下去，後頂更得往上提住，勿令神庭，承漿向下，即令後頂提領，面不向下。」（陳鑫語）。襠須撐開，腳要踏實，自頂而身而腿形成一條斜直線，不凹不凸，自然斜中寓正，中氣一線貫通。

　　內氣隨上三步，沿任督二脈上下、前後不斷環行。當左拳向上掤展、右拳向下栽拳下擊時，內氣從左右脇，分兩支上行兩臂，左拳貫入前臂尺骨側，右拳貫入拳面；當襠部撐開，腰勁往下沉時，內氣從會陰分兩支沿腿內側貫入兩腳後踵，達五趾。

第三十八式　翻身二起腳

　　【動作一】身體向右轉，隨轉體左腳內扣，左腿逆纏向裏轉，屈膝坐胯下蹲，右腳隨之收回半步，重心移至左腿；同時，左拳屈臂內旋，隨轉體下沉至腹前；右拳轉臂屈肘上提，在腹前與左拳相交，右拳在外，左拳在內，拳心皆向裏；隨向右轉體右拳向上、向前、向下順纏畫弧向右側下落，置於右胯側，拳心斜向左上；左拳向上、向前順纏畫弧向左上舉至頭部左側，拳心向右下；目視前方。（圖3–176）

圖 3-176　　　　　　　圖 3-177

【動作二】腰微向右轉，重心完全移於左腿，右腿屈膝提起，小腿前伸，腳面不勾不繃，自然平展；同時，右拳上提屈肘順纏一小圈，伸指變掌置於右膝外側；目視前方。（圖 3-177）

【動作三】重心前移，右腳隨之向前落步踏實，右手隨之下落；隨即左腳向前上方踢起，左拳向前、向上畫弧領勁；當左腳尚未落地時，右腳即蹬地躍起，向前方繃平腳面上踢；右掌向後、向上、向前、向下逆纏一圈迎擊右腳面；隨即左腳落地，左手鬆落左胯側；目視前方。（圖 3-178—圖 3-181）

【要點解析】

何謂二起腳？即左右二腳相繼離地躍起踢出，故名。

此勢右腳為主，左腳為賓。先起左腳，以引右腳起勢。在左腳未落地前，右腳隨左腳騰起上踢，上躍之勁盡

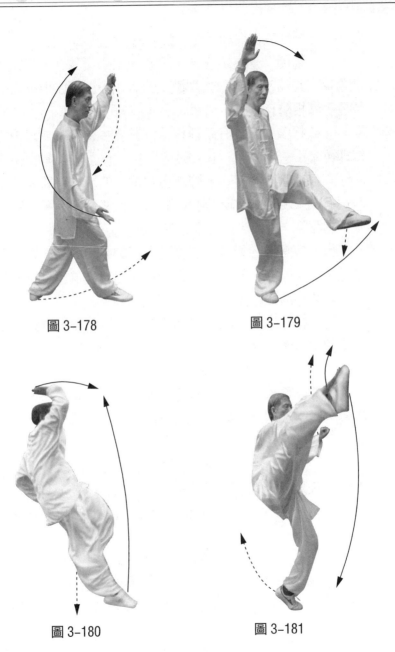

圖 3-178

圖 3-179

圖 3-180

圖 3-181

力向上升提，故也稱謂「踢二腳」。

「二起腳」是縱躍身法，右腳踢出過頂為宜，起跳應借兩臂立圓輪繞攢勁帶動身體上提騰空，上下肢要配合一致。手腳相擊有聲。

「二起腳」傳統有四種練法。其實，習者掌握三種方法即可。

一種是適合老年人或彈跳力弱的人的練法。即是「以一起代替二起」，沒有兩腳騰空的動作。就是「左腳上步，右腳隨之上踢，以右掌迎擊右腳面」。

另一種是適合青年人或彈跳力好的人的練法。即在擊地捶後翻身一轉，兩腳隨即相繼騰空踢起。這也是難度最大的一種練法。

再一種是本勢所練方法。即是借兩臂大開大展的纏絲圈來協助身體的躍起和二踢。這種練法難度介於兩者之間。

此勢成勢末節，內氣隨轉體由丹田下行於兩腳，當兩腳蹬地騰空上躍時，氣由後踵逆行而上，至襠、至腰、至脊、至膀；隨之襠勁、腰勁、脊勁、膀勁陡然一合，又陡然一開，內氣隨頂勁上領，一股內氣逆行至兩肱，另一股內氣沿任脈下行於兩腿。當手腳相擊時，內氣達兩手兩足，氣到力到勁到，相擊有聲。「如澤中有雷，震驚百里」。

「二起」之目的，是擊敵之口、鼻、額。有拳歌曰：「二足連環起，全身躍半空。不從口下踢，何自血流紅。」因而「二起」之起腳，要求過頂，故有「乾卦飛龍在天之象」。

第三十九式　獸頭勢

【動作一】右腳落地，左腳向左斜後方撤一步，右腿隨之屈膝前弓，左腿向右前伸蹬，成右弓步；同時，兩手左順、右逆纏從左向右前方推出，手心皆向右，指尖皆向前，上肢與下肢形成對拉勁；目視前方。（圖 3-182）

【動作二】腰微右轉，重心後移，兩手隨轉體向右前方下落，隨即右腳前腳掌貼地向後撤步至左腳右側虛著地，兩腿隨之前屈，左腳實，右腳虛；同時，兩掌握拳隨後撤步置於腰兩側，拳心皆向內；目視前方。（圖 3-183）

【動作三】腰向左轉，右腳向右斜後方撤步；同時，兩臂隨腰右纏向左前方發力推出，兩拳拳心皆斜向內，兩肘下沉，兩臂成圓，高與胸平；隨即弓左腿，蹬右腿，重

圖 3-182

圖 3-183

心移至左腿，成左弓步；目視前方。（圖3-184）

【動作四】腰向右轉，左拳向右逆纏，經胸下落經左腰前，置於左膝上；右拳向左、向下逆纏轉一小圈轉順纏向上、向外發勁掤擠；右拳置於右胸前，拳心皆向內，拳眼皆向上；同時，左腿內旋轉外展向前弓，右腿外輾轉內旋向前弓蹬；目視右拳前方。（圖3-185）

【要點解析】

獸頭一勢其形如房上兇惡獸頭，故名。本勢精神全聚於眼，「右拳在胸，左拳在左膝上，中間瞪住眼而惡視之」，其意在虎視眈眈，觀敵來路，乘便應之。因而此勢又稱「護心捶」或「打虎勢」。

勢中外順纏、內逆纏交替變化較多，因而在順逆纏轉關變換外掤、內捋纏絲時，要注意腰脊主宰的作用。

在拳勢中虛實轉換以及順逆纏交替動作時，氣機從未

圖3-184

圖3-185

停止過，心平氣和，以虛靈之心相照，氣貫於心腎中，上通頭頂，下達會陰，上下、前後循行不止。當成勢時，中氣歸於丹田，逆行至脊，達於兩肱，氣勁形成肱脊對拉之勢。

第四十式　旋風腳

【動作一】腰微向右轉，再向左轉，重心右移；同時，兩臂以肘為軸，左順右逆纏，兩拳隨轉體向右、向下、向左上方畫弧至左肩前，雙拳隨即繞轉變掌，手心皆斜向外，指尖皆向左；目視左前方。（圖 3–186）

【動作二】腰向右轉，左腿內旋，右腿外旋，重心漸移至右腿；同時，左手逆纏，右手順纏向右下畫弧至右胯外側；腰漸左轉，重心漸移至左腿，陡然兩肘外旋轉臂，左手變順纏向上方撐起，掌心斜向下，指尖斜向右；右手突逆纏向左上托起，手心向上，指尖向前；隨即右腿屈膝

圖 3–186

向前提起，重心完全移於左腿，右前臂沉於右膝外側；目視前方。（圖3-187）

【動作三】腰微右轉，左腿屈膝下蹲，右腿外旋，腳尖上翹外撇，向前上半步，右腳跟先著地；同時，右手向右後旋轉，經右胯向前推，虎口向前，手心向左；左手弧形下落於胸前，合於右前臂上，手心向右；隨即重心前移，右腿屈膝前弓，左腿屈膝後蹬，腳掌著地，腳跟提起，上體保持中正；目視右手前方。（圖3-188）

【動作四】腰微向右下旋轉，重心移於右腿，襠勁裹住，左腿隨體右旋以弧形裹起向右上方掃擺；同時，兩臂順纏分開向兩側展開，左掌橫拍左腳內側；隨即右腿以腳跟為軸向右後旋轉180°，左腳落於右腳左側，重心仍在右腿上，兩膝微屈下蹲；兩手鬆落，置於腹兩側，手心皆向後，指尖皆向下；目視前方。（圖3-189、圖3-190）

圖3-187   圖3-188

圖 3-189　　　　　　　　圖 3-190

【要點解析】

旋風腳一勢，用的是裹襠旋掃勁，從起腳到落腳約旋掃 180°，是一個高難度的動作。當左腳橫掃時，頂勁要領住，襠勁要裹住，腰勁要合住，全身皆有向內合勁；當手腳相擊時，全身皆向外開，一開俱開，內外一致，上下相隨，速度要快，勁要整。

「旋風腳」乃拳勢中變格之勢，腳在下，前踢、後蹬，此為正格。今以左腿旋風橫運擊人，故為變格。陳鑫云：「以浩然之氣行之，無往不宜。」當左腿變格擊人時，丹田內氣，一股注入兩股，達兩腳，右腿獨立，猶如中流砥柱；左腿橫掃，猶如千鈞棒。另一股經會陰、背脊上行頭頂，下行注入兩肱。此為上下一齊並運。

拳歌曰：聲東擊西計最良，此是平居善用方。唯有飛風披左右，機關靈敏內藏胸。任他無數敵來攻，一腳橫掃萬重山。

第四十一式 右蹬一根

【動作一】腰微動,兩臂微合,重心略上移,隨即身體下蹲,重心右移,左腳向左橫開一步,右腿隨之以前腳掌貼地收於左腳旁,腳尖點地,成虛步,重心移至左腿;同時,兩臂隨開步,向兩側大開,兩手順纏沿上弧線向左右圓撐;隨右腳收步,兩手下落,兩前臂搭於腹前,兩掌變拳,左拳在上,右拳在下,拳眼皆向上;目視右前方。(圖3-191、圖3-192、圖3-192附圖)

【動作二】重心完全移於左腿,右腿屈膝提起,兩臂內收,胸腹蓄住勁,陡然兩臂向左右兩側大開彈抖發勁;同時,右腳以腳跟向右側突然蹬出發勁;目視右前方。(圖3-193、圖3-194)

【要點解析】

此勢與第三十五式「左蹬一根」的動作相同,唯左與

圖3-191

右的蹬腳不同。前勢為左蹬腳，此勢是右蹬腳，其要點可
參閱「左蹬一根」文字闡述。

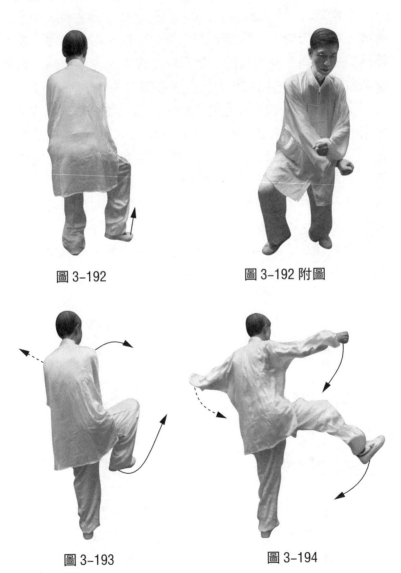

圖 3-192　　　　　　　　圖 3-192 附圖

圖 3-193　　　　　　　　圖 3-194

第四十二式　掩手肱捶

【動作一】右腿鬆落屈膝，右腳收回，腳尖似著地不著地，左腿仍獨立；同時，重心微向下鬆，右拳順纏下弧線落於左脇側，向上收提，拳心向左後方；左拳順纏上弧線至右肩前，拳心向右後方；目視右前方。（圖3–195）

【動作二】左腿向上略蹬伸，左腳以腳跟為軸，腳尖內扣，腰向右上擰旋，使身體向右旋轉90°；同時，右拳左弧線逆纏上提，拳心向裏，隨擰腰轉身向右翻落於右胯側，拳心向上；左拳右弧線逆纏向裏下翻轉向上，置左肩側，拳心向右，隨轉體雙臂向後發彈抖勁，右膝提起，腳尖下垂，成左獨立勢；目視前方。（圖3–196）

【動作三】右拳向裏轉臂翻腕落於腹前，拳心向下；左拳變掌，前臂豎起，肘往裏合下沉，掌心向右；同時，

圖3–195

圖3–196

右腳隨沉氣、重心下降蹬地震腳，隨即重心移於右腳，左腳變虛，前腳掌虛著地，兩腿屈膝下蹲；目視右前方。（圖 3-197）

此勢以下動作與第十四式「掩手肱捶」的動作四、動作五相同。（圖 3-198—圖 3-202）

圖 3-197　　　　　　　　　圖 3-198

圖 3-199　　　　　　　　　圖 3-200

圖 3-201

圖 3-202

【要點解析】

此勢與第十四式「掩手肱捶」不同處，是接承前勢不同。本勢上接「右蹬一根」，而第十四式「掩手肱捶」上接「前蹚拗步」。因而有前三個動作的不同。但此勢左腿獨立勢向右轉體，形似陳式太極拳二路中的「海底翻花」，其要意也大致相同，動作以運動肘關節為主，兩臂雙開勁，要保持住身軀的平衡。陳鑫曾說：「平居耍拳不可不守成規，亦不可拘泥成規，是在學者能善用其內勁。」

詳細闡述可參閱「掩手肱捶」文字說明。

第四十三式　小擒打

【動作一】腰向右旋，身體微下蹲，隨即身向左轉，重心前移，落於左腳，兩腿屈膝下蹲；同時，兩拳變掌，左手鬆落左膝前，掌心向右，指尖向右下方；右手順纏向

右上畫弧至右肩前，轉臂向左下落與左手相搭，掌心向左，指尖向左下方，左手在上，高與腹平；目視左前方。（圖3-203）

【動作二】腰向右轉，重心移於右腿，隨即腰微左旋，重心下降，屈膝下蹲，成偏馬步；同時，右手大順纏向右上畫弧撐展，至右肩外側，掌心向右下，指尖向左上，高與鼻尖平；左手旋腕下按，置於左膝外側，掌心向下，指尖向前；目視左前方。（圖3-204）

【動作三】腰微右旋轉左旋，隨即右腿屈膝提腳向左前上步，腳跟先著地，腳尖外撇，重心隨之前移，右腿向前弓屈，左腿微屈膝向前蹬展，成右弓步；同時，右手大逆纏向左前推擠，虎口張開，掌心向下，指尖向前，高與臍平；左手逆纏，交搭於右前臂上，掌心、指尖向右；目視前方。（圖3-205）

圖3-203　　　　　　　　　圖3-204

圖 3-205

圖 3-206

【動作四】重心向前移於右腿，右腳外撇，身體向上直起，隨之左腿屈膝上提，成右獨立勢。（圖 3-206）

隨即右腿屈膝下蹲，左腿以腳跟內側向左前方鏟出，重心仍在右腿，屈膝下蹲，成右偏馬步；同時，左手隨左腿逆纏向左下弧線按擠，置於左膝外側，掌心向下，指尖向前；右手順纏向右上畫弧掤舉，置於右肩側，掌心向左下，指尖向前；目視前方。（圖 3-207）

【動作五】重心左移，隨即右手自右上順纏下落於左膝內側，掌心向上，指尖向左；左手轉臂上翻，掌心向上，指尖向左，置於左膝外側，重心又移於右腿；目視左前方。（圖 3-208）

緊接著，腰向右轉；同時，兩手左逆右順纏，向右畫弧至右肩前，轉臂翻掌向左下膝前擠按，掌心、指尖皆向左，重心仍在右腿；目視左前方。（圖 3-209）

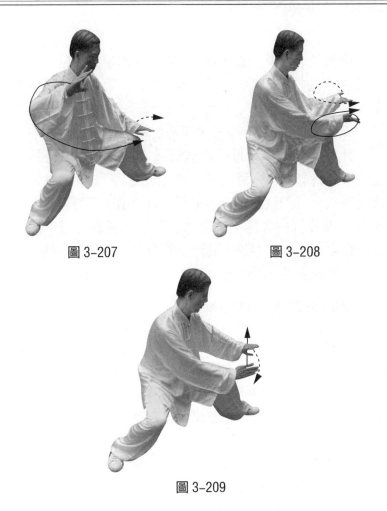

圖 3-207　　　　　　　　圖 3-208

圖 3-209

【要點解析】

「小擒打」，顧名思義，曰「小」，言身法小也。其意，敵敗復來，故上遮下打，擒而取之，不必用大身法。

此勢上右步，右手向後運，再往前催，用的是倒轉勁，故稱「肘下偷擒法」。拳歌曰：「偷從左手肘下穿，

摑肚一掌苦連天。」

接著又上左步，順其要勁以給之。兩掌合住勁，以右掌為主，向左方一擊。因而拳歌明示：「左手提起似遮架，右手一掌直攻堅。」

學者應注意，勁在掌根，纏絲勁寓於兩肱運行之中。

此勢連上兩步，丹田之氣貫通上下。但內氣分行四股，又各行其道，兩股上行於肩，兩股下行於腿。當兩肱纏繞時，上行內氣由肩骨中貫到左右手指；下行內氣也隨兩腿內纏外繞由骨縫中貫至左右腳趾。陳鑫有言：內氣「在骨中者，謂之中氣，其形於肌膚者，謂之纏絲勁。」所言「纏絲勁寓於兩肱運行之中」，至此就不難理解了。

第四十四式　抱頭推山

【動作一】重心微向左沉，兩掌交叉合於左膝上方，左手在上，掌心向下，右手在下，掌心向左下；隨即兩掌變拳，兩手合住，兩肘向內旋，兩拳向裏、向上、向外翻，拳心向上；同時，弓左腿，重心移於左腿；目視左前方。（圖3–210、圖3–211）

【動作二】重心微下沉，兩手由拳變掌，掌心向上，雙逆纏畫弧向左右分開，至胸前兩側，掌心皆向上，高與胸平，重心略後移；目視前方。（圖3–212）

【動作三】重心移於左腿，以左腳跟為軸，身體向右轉90°，右腳收回半步，以前腳掌虛著地；同時，兩前臂內旋屈肘，兩手逆纏向上方托起，掌心斜朝上；隨之屈膝，重心下沉；目視右前方。（圖3–213）

圖 3-210

圖 3-211

圖 3-212

圖 3-213

【動作四】身體微向左轉，兩手隨轉體微向左移，兩肘下沉，旋腕轉臂，兩掌分置兩肩上，掌心斜向內；隨即重心微沉，右腳向右前方上一大步，腳跟先著地，身體右轉，重心前移，右腿前弓變實，左腿後蹬；同時，兩掌順纏向前推出，掌心向前，指尖向上，成「八」字形；目視前方。（圖3-214）

【要點解析】

此勢以雙逆纏而開，轉雙順纏而推，其意是以我之左右手分開敵之左右手，使敵之手不能入內攻擊我，而我以兩手推擊敵人之胸。其「勢如手推山嶽，欲令傾倒」。因而要求：頂勁要領好，腰勁要下好，襠勁要撐圓，腳底要用力踏實，膀力盡用到掌上。推時，力貴神速，周身一家向前攦。

內氣隨心意周身循行，當兩肱、兩股由外往內纏繞時，內氣蓄聚於丹田，沿督脈上行腰脊。當催身前攦時，

圖3-214

內氣由腰脊一分為二，一股上行兩肩，穿過骨縫，注於兩掌；另一股下行兩腿，出骨縫而貫注兩腳。內氣形成上下相合、相開之勢，爆發點在腰脊。

拳歌曰：「此身有力須合併，更得留心脊背間。」

第四十五式　三換掌

【動作一】周身放鬆，腰向左轉，左膝外旋，右膝內旋；同時，右手順纏翻掌微前伸，指尖向前，掌心向上；左手順纏屈肘收至左肩前；隨即腰右旋，左膝內旋，右膝外旋；右手屈肘裏收至胸前，掌心向左上，指尖斜向前；左手旋臂翻掌轉逆纏，橫掌向前推出；目視前方（此為第一次換掌）。（圖3-215）

【動作二】腰向右轉，左膝繼續內旋，右膝繼續外旋，左手順纏翻掌微前伸，指尖向前，掌心向上，右手順纏屈肘收至右肩前；隨即腰左旋，左膝外旋，右膝內旋；

圖3-215

同時，左手屈肘裏收至胸前，掌心向右上，指尖斜向前；右手旋臂翻掌轉逆纏，橫掌向前推出；目視前方（此為第二次換掌）。（圖3-216）

【動作三】腰向左轉，左膝繼續外旋，右膝繼續內旋，右手順纏掌微前伸，掌心向上，指尖向前，左手順纏屈肘收至左肩前；隨即腰右旋，左膝內旋，右膝外旋；同時，右手屈肘裏收至胸前，掌心向左上，指尖斜向前；左手旋臂翻掌轉逆纏，橫掌向前推出；目視前方（此為第三次換掌）。（圖3-217）

【要點解析】

此勢要點與第二十式「三換掌」基本相同，唯不同處，此勢第一次換掌是左手推出，而不是右手推出。

「三換掌」換掌手法，是一種兩肱胸前纏絲法，其特點：屈肘收回是順纏；轉臂翻掌，橫掌前推是逆纏。

其餘要意可參閱第二十式「三換掌」文字說明。

圖3-216　　　　　　圖3-217

第四十六式　六封四閉

此勢動作與第四式「六封四閉」的動作、要點相同，可互相參閱圖解說明。（圖3-218─圖3-220）

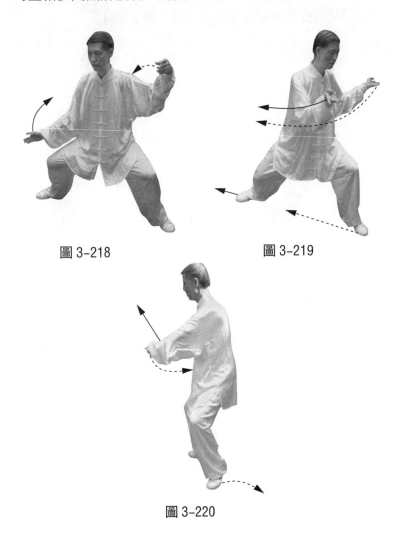

圖3-218　　　　　　　　圖3-219

圖3-220

第四十七式 單 鞭

此勢動作和要點均與第五式「單鞭」相同，唯方向不同。此勢成勢「面向西南」，為隅向，故稱「斜單鞭」，可互相參閱圖解說明。（圖 3-221—圖 3-224）

圖 3-221

圖 3-222

圖 3-223

圖 3-224

第四十八式　前　招

【動作一】腰向左轉，左膝外旋，右膝內旋，重心向左移，右腳收至左腳內側，前腳掌著地，兩腿屈膝下蹲；同時，右勾手變掌，屈肘轉臂，順纏至右胸前，掌心向左上，指尖向右上；左手屈肘轉臂逆纏至左胸前，掌心向左下，指尖向右上；目視右手前方。（圖3-225）

【動作二】身微下沉，腰微左轉，重心移至左腿；隨即右腳提起，向右前方上半步，腳跟先著地踏實；左腳跟步落於右腳旁，腳尖點地變虛步，右腿隨之屈膝下蹲；同時，隨轉體右前臂逆纏，左前臂順纏，兩手沿順時針弧線向右前方推按，左掌心斜向右前方，指尖斜向前下方，高與腹平；右掌心斜向右前下方，指尖斜向左，高與胸平；目視右手方向。（圖3-226）

圖3-225

圖3-226

【要點解析】

此勢其要在於「上領下打」。「前招」一勢上承「單鞭」勢，胳膊已展開，故應敵以左手屈肘轉臂「上領」為妙，然拳中自有「機勢」；得機得勢、旋腰上步擠按，自是「下打」。

陳鑫言：「打拳全在用心，心機一動，欲令手上領轉圈，手即如其意以傳，此發令者在心，傳令者在手，觀色者在目。此心、手、眼三到之說，缺一不可。」

第四十九式　後　招

【動作一】腰向左轉，重心微下沉，左膝外旋，右膝內旋，重心左移；同時，兩臂鬆沉，隨即以肘為軸，領兩手沿逆時針弧線向右在胸前繞轉一圈，雙手上掤左肩前，手心皆向下，指尖皆向左下；目視左前方。（圖3–227）

圖3–227

【動作二】腰微左轉，隨即右轉，重心移於右腿，右腳踏實，左腳提起向左橫開一步，重心左移，右腳跟步向左腳靠近，前腳掌著地落於左腳前；同時，兩手隨轉體翻掌轉臂左逆、右順纏向右畫弧，兩臂合住勁，沿逆時針弧線向左前方推按，右掌心斜向左前方，指尖斜向前下方，高與腹平；左掌心斜向前下方，指尖斜向右，高與胸平；目視左手方向。（圖 3-228）

【要點解析】

「前招」以左手為主，右手為賓；「後招」則以右手為主，左手為賓。因而，須以全身精神注意右手。此為「眼顧右手以禦敵也」。

此勢為「小身法」。陳鑫說，轉關時不必用大身法，即用小身法過角可也，「以靈動敏捷為尚」。

前些勢在行氣走架時，常常提到「氣到、力到、勁到」。可知關鍵處何在？陳鑫言：「關鍵處在百會穴下。

圖 3-228

自腦後大椎通至長強，其動處在任督二脈。」從大椎穴到長強穴，這是人的後脊背，正是督脈行氣的路線，也是「小周天」最難打通的後三關（尾閭、夾脊、玉枕）所在處。此處是中氣上下流通之路。中氣要通過腦後大椎穴兩側二股筋中間，下行脊骨之中，到二十一椎止。此處一通，則上下皆通全體之氣脈皆通。從此，自然全身無有內氣（中氣）上下、左右、順逆運行之虞。

第五十式　野馬分鬃

【動作一】腰微左轉並下沉，兩手隨轉體，左手逆纏轉臂向上掤，掌心斜向下，指尖向右，屈肘置於左胸前；右手順纏轉臂自右向左畫弧，屈肘上托，置於右腹前，掌心斜向裏，指尖斜向左前，兩手在身前上下抱球、合住勁；同時，身體緩緩向左轉，重心左移，左腳踏實，右腳向前稍移，前腳掌著地成虛步，屈膝下蹲；目視右前方。（圖3-229）

圖3-229

【動作二】重心移至左腿，右腳提起向前上一大步，以腳跟內側著地，重心隨之前移，屈膝前弓，成馬步；同時，右手順纏隨重心前移之勢向右前穿伸前托，掌心向上，指尖向前，高與肩平；左手逆纏向左後撐展，掌心向左後，指尖向上，高與肩平，兩手成前後開勁；目視右前方（此為第一個野馬分鬃）。（圖3-230、圖3-231）

【動作三】重心微沉，以右腳跟為軸，腳尖外撇，身體向右約轉180°，重心移至右腳，左腳提起向左側落步，前腳掌著地，成虛步，屈膝下蹲；同時，右手逆纏向左畫弧至胸前，掌心向下，指尖斜向左前，高與胸平；左手逆纏向右畫弧至小腹前，掌心向上，指尖斜向右前，兩手在

圖3-230

圖3-231

身體上下抱球、合住勁；目視左前方。（圖3-232）

【動作四】重心移至右腳，左腳提起向前上一步，以腳跟內側著地，重心隨之前移，屈膝前弓，成馬步；同時，左手順纏隨重心前移之勢向左前穿伸前托，掌心向上，指尖向前，高與肩平；右手逆纏向右後撐展，掌心向右後，指尖向上，高與肩平，兩手前後成開勁；目視左前方（此為第二個野馬分鬃）。（圖3-233、圖3-234）

圖3-232

圖3-233

圖3-234

【動作五】腰微左轉，重心微前移，左腿前弓；同時，右手屈肘轉臂向左前逆纏至胸前，身體隨即右轉，重心移於右腿，右手屈肘轉臂翻掌變順纏向右畫弧，左手逆纏隨右手同步向右畫弧；兩手至右肩前隨腰左轉旋肘翻掌向左膝前按出，掌心斜向下，指尖斜向左前；目視前方。（圖 3-235─圖 3-237）

圖 3-235

圖 3-236　　　　　　　圖 3-237

【要點解析】

此勢是以鋪身前進脫身之法。兩手更迭至上，皆是向外撥敵，並且帶引帶擊。左右手法如野間之馬，形似其鬃兩邊分開，故名。用此身法，可出入眾敵之中，使其不能近身，故稱「萬人敵」也。

練習此勢時，要立身中正，支撐八面。勢中所表現出的兩手此順彼逆，此逆彼順，皆為大纏絲勁法。要求兩膝屈住，襠勁要虛、要圓，以腰脊主宰前後運動。

內氣隨體轉，由丹田沿任脈逆行上頭頂百會穴，下貫長強穴，腰脊如一線穿成，體現勁由脊發之源。

同時內氣隨兩肱纏絲循行如環。當右手順纏向前穿托時，內氣由腋下貫入掌心；而左手逆纏向後撐展時，內氣則由肩貫入掌背。當左手轉順纏向前穿托時，內氣由腋下貫入掌心；而右手轉逆纏向後撐展時，內氣則由肩貫入掌背。形成對開纏絲勁，意到、氣到、掌到、勁自然也到。

第五十一式　六封四閉

此勢動作與第二十九式「六封四閉」的動作相同，可參閱其圖解說明。（圖 3-238—圖 3-240）

要點與第四式「六封四閉」相同，可參閱其文字說明。

圖 3-238

圖 3-239　　　　　　　　圖 3-240

第五十二式　單　鞭

　　動作與要點皆與第五式「單鞭」相同。可參閱其文字說明。（圖 3-241—圖 3-244）

圖 3-241　　　　　　　　圖 3-242

圖 3-243

圖 3-244

第五十三式　雙震腳

【動作一】腰向左轉，重心左移，左腿向前弓；同時，右勾手隨轉體變掌順纏沿逆時針弧線向左下繞轉，經胸前上掤至左腋前，掌心向下，指尖向左下；目視左前方。（圖3-245）

【動作二】身體重心微下沉，左腳以腳跟為軸，腳尖裏扣，身體隨之向後旋轉180°，右腳向後旋轉並向裏撤半步，以腳尖點地變虛步，重心移於左腿，屈膝後倚；同時，右手旋肘轉臂順纏自左向右上再向下畫弧，經面前落於胸前，前臂前伸，掌心向下，指尖向前；左手逆纏畫弧下落，交搭在右肘窩上，掌心向下，指尖斜向右；目視前方。（圖3-246）

【動作三】內氣下沉，重心略降，兩手順纏向左右畫弧並旋肘轉臂翻掌上托，掌心向上，指尖向前，右手在前，左手在後，兩臂合住勁，重心移於左腿，左腿屈膝坐實，右腿前屈，成虛步；目視前方。（圖3-247）

圖 3-245　　　　　　　　圖 3-246

圖 3-247

【動作四】腰微左轉，兩臂相合蓄勁，胸腹折疊，隨著兩手上托領勁，右腿屈膝上提，左腳隨後蹬地躍起，兩腳左先右後相繼下落，屈膝蹬地震腳，相繼發出兩聲沉悶的震腳聲；同時，兩手逆纏翻掌，隨震腳向前下按，右臂前伸，掌心向前下，指尖向前，高與腹平；左手按於右肘左側，掌心向右下，指尖向前；目視前方。（圖 3-248、圖 3-249）

【要點解析】

此勢是上躍身法，左腳蹬地起跳時，要借兩手上提引領勁；兩腳下落震腳時，要周身鬆勁，氣沉下落震踏，左先右後相繼兩聲震響，故稱「雙震腳」，又稱「雙落腳」。

內氣隨兩臂順纏相開，逆纏相合，沿任督二脈環流不止。當周身放鬆下落時，內氣由丹田出發，注入脊背，形

圖 3-248

圖 3-249

成上下分行。上行內氣貫注兩手勞宮穴而形成下按勁，下行內氣貫注兩腳湧泉穴而形成震踏勁。

第五十四式　玉女穿梭

【動作一】身微下沉，腰微左轉再右轉，右腿屈膝上提，重心完全移於左腿，成左獨立勢；同時，左手屈肘收至左胸前，掌心向前，指尖斜向上；右手逆纏至胸前，合於左前臂外側，掌心向下，指尖向左；目視前方。（圖3-250）

【動作二】腰微左轉，右手向裏逆纏轉順纏向前推撐發勁，掌心向前，指尖向上；左手順纏向左上方畫弧，掌心向左後，指尖斜向上，兩手成相開之勁；同時，右腳腳跟著力猛向右前蹬出；目視右前方。（圖3-251）

圖 3-250

圖 3-251

【動作三】右腿自然屈回，重心仍完全在左腿，成左獨立勢，隨即腰微左轉再右轉；同時，左手向右前穿掌轉順纏畫弧上抬置左肩上，掌心斜向上，指尖斜向左後；右手向左逆纏畫弧與左臂在胸前交叉繞過，經面額轉向右畫弧至右肩前，前臂外旋，以右掌緣向右前斜切，掌心斜向上，指尖向前，高與肩平；目視右前方。（圖3-252、3-253）

【動作四】重心前移，右腳向前落步蹬地躍起，左腳跟著向前凌空跨出，身體在空中向右後旋轉270°，左腳落地，右腳也隨轉體向右橫行落步；同時，左手順纏經右手下方向前穿出，隨轉體向左下展開，掌心斜向下，指尖向左前方；右手回收經胸前隨轉體向右上撐展，然後向右下展開，掌心斜向下，指尖斜向右前方；目視前方。（圖3-254—圖3-256）

圖 3-252

圖 3-253

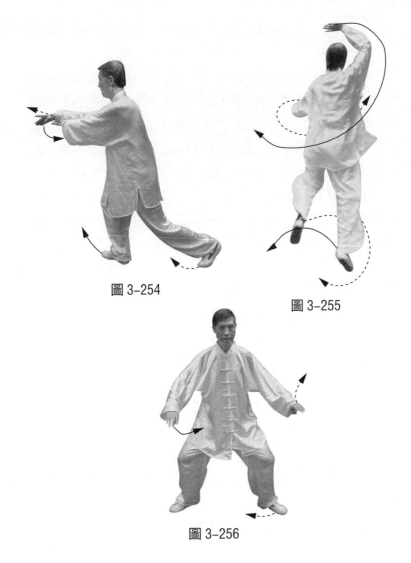

圖 3-254

圖 3-255

圖 3-256

【要點解析】

此勢是大轉平縱身法，連進三步「如鷙鳥疾飛而進，莫能遏抑」。其訣要在於右腳落步，粘地即起，以啟左腳

躍步之勢。三步連續趲進，一氣呵成，機關全在第一步起好。

此勢凌空向右轉體 270°，右半身即右手、右腳向右後轉，用的是順纏勁；而左半身即左手、左腳則用的是倒纏勁。前縱之本，全由心勁一提，頂勁領住，右手帶轉帶進領勁往前，右腳後蹬。因而，此勢以右手、右腳為主，左手、左腳佐之。所以丹田內氣，偏行右半身。當右手、右腳向右順纏勁轉體時，丹田下行內氣，由腳底過湧泉穴至足踵翻上，沿足太陽膀胱經逆行而上，經大腿、後背，達肩後側，斜行進入腋，再隨斜纏經上臂、肘、腕達指肚。未縱之前全是蓄勁，方縱之時，一往直前。手法、步法、身法、轉法越快、越遠、越好。

第五十五式　懶紮衣

【動作一】重心右移，左腳提起向右腳橫靠半步踏實，重心立即移於左腿，重心下降，左腿屈膝前弓，身體下蹲；隨即右腳提回，腳尖點於左腳旁，以腳跟貼地向右鏟出；同時，兩手向內畫弧隨重心下降順纏合於左膝上方，高與胸平，右手在下，掌心向左，指尖向前；左手在上，掌心向右，指尖斜向右；目視左前方。（圖 3–257、圖 3–258）

【動作二】與第三式「懶紮衣」動作四相同，可對照參閱其文字說明。（圖 3–259、圖 3–260）

【要點解析】

與第三式「懶紮衣」相同，可參閱其要點文字說明。

圖 3-257　　　　　　　　圖 3-258

圖 3-259　　　　　　　　圖 3-260

第五十六式　六封四閉

此勢動作與要點皆與第四式「六封四閉」相同，可對照參閱其動作和要點的文字說明。（圖3-261—圖3-266）

圖3-261　　　　　　　　　　圖3-262

圖3-263

圖 3-264

圖 3-265

圖 3-266

第五十七式 單 鞭

此勢動作與要點皆與第五式「單鞭」相同，可對照參閱其動作和要點的文字說明。（圖 3–267—圖 3–271）

圖 3–267

圖 3–268

圖 3–269

圖 3–270

圖 3–271

第五十八式　運　手

此勢動作與要點皆與第三十一式「運手」相同，可對照參閱其動作與要點的文字說明。（圖 3–272—圖 3–276）

圖 3–272

圖 3–273

圖 3-274   圖 3-275

圖 3-276

第五十九式　擺腳跌叉

【動作一】腰向右轉，重心移於右腿，右膝前弓下蹲，隨即提起左腳向左前方斜上一步；同時，兩手右順、左逆纏向右上方畫弧伸展，掌心皆向右，指尖皆向上，右手高與頭平，左手高與胸平；目視左前方。（圖3-277）

【動作二】腰向左轉，左膝前弓略蹲，重心移於左腿；同時，兩手隨體左旋，左順、右逆纏向左前方畫弧繞轉，左手置於左肩下側，右手置於右肩上側，掌心皆斜向左前方，指尖皆向上；目視左前方。（圖3-278）

【動作三】左腿略蹬直，重心完全移於左腿，右腳提起隨即向左上方踢起後轉橫運向右扇形擺腳；同時，兩手左逆、右順纏轉左順、右逆纏向左上方畫弧，左先右後依次迎擊右腳面外側，相繼兩聲迎拍聲響，兩掌心皆向左，

圖3-277　　　　　　　　　　圖3-278

置於兩肩外側，高與頭平；目視前方。（圖3-279）

【動作四】右腿擺蓮後下落，重心下沉，右腳隨重心下沉於左腳旁蹬地震腳，左腳跟隨即提起，右腿屈膝下蹲；同時，兩手握拳，左拳自左而下逆纏向右畫弧，右拳自右上向左下順纏畫弧，在胸前兩臂合勁交叉，左拳置於右前臂上；目視左前方。（圖3-280、圖3-281）

圖3-279

圖3-280　　　　　　　　圖3-281

　　【動作五】腰微右轉，右腿屈膝全蹲，左腳腳尖翹起，以腳跟貼地向左前鏟出，上身隨之微左轉，右膝裏扣，落胯合襠，下沉跌叉，臀部、右膝裏側與左腿後側一齊貼地；同時，右拳逆纏經面額向右上方畫弧舉起，拳心向頭部方向，略高於頭；左拳順纏貼腹部向左下畫弧再轉臂隨左腳鏟出向前穿伸，拳心向右上方，置於左腿上側；目視左前方。（圖3–282、圖3–283）

圖3–282

圖3–283

【動作六】右腳蹬地向前起身左轉，重心隨之前移，左腳跟先著力，隨即屈膝前弓，全腳掌踏實，右腿緊跟前蹬，成左弓步；同時，左拳順纏隨重心前移向前方伸展，拳心向裏，高與胸平；右拳順纏向右後畫弧下落至右胯側，隨重心前移向上方鑽伸，高與額平，拳心向裏；目視左前方。（圖3-284、圖3-285）

【要點解析】

「擺腳跌叉」，原為兩勢，「擺腳」是一勢，「跌叉」又是一勢。皆因都是在敵眾我寡的境況下，採用的攻防拳勢，先人前輩將其兩勢合為一勢，更俱殺傷力。

就「擺腳」而言，是「以腳橫向運擺而擊人」。先人前輩稱此為：「一木能支廣廈傾，先置死地而求生，任他四面來攻擊，怎擋右腿一劍橫。」

至於「跌叉」，也是「身入重險，難莫甚也」的境況下，「一腳蹬出以解其圍」。先人前輩稱此為：「絕處逢

圖3-284　　　　　　　　　圖3-285

生自不難，解圍即在一蹬中。」

　　兩勢合為一勢，是「天然照應」，此勢具有前踢、橫擊、震腳、蹬敵連續攻擊之勢，真是履險若夷。可見先人造拳規矩之嚴、未有牽合之跡。故拳歌曰：「右腳一擺已難猜，又為兩翼落塵埃。不是肩肘能破敵，一足蹬倒鳳凰台。」

　　「擺腳跌叉」一勢，應須從兩個層面上去領會其要點。

　　右腿擺腳時，須「以浩然之氣橫擊」。擊之必倒，讓敵膽寒，以剛為要。而落地震腳則又必須鬆沉勁整。

　　跌叉時，是以「左腳前蹬為主」。並以左手前伸助之。臀部落地，但前後兩腳撐點不能放鬆，可利用下沉著地時前後撐勁彈起。

第六十式　左右金雞獨立

　　【動作一】重心前移，身體微向左轉，左腿緩緩直起，重心完全移於左腿，右腳隨重心前移抬起上步落於左腳內側，前腳掌著地，身體微下蹲；同時，左拳順纏向左、向裏畫弧下落於腹前，拳心向右下方；右拳順纏隨重心前移，走下弧線穿過左臂內側上舉胸前，拳心向裏；目視前方。（圖3-286）

　　【動作二】腰微左轉，左腿隨即蹬直，右腿屈膝向上提頂；同時，兩拳隨右腿上提之時變掌，右

圖 3-286

圖 3-287　　　　　　　　　圖 3-288

手先順纏後逆纏經面前向右上方穿掤外展，掌心斜向右上方，指尖斜向左上方；左手逆纏向左胯外側撐按，掌心向下，右膝隨兩手展開也順纏外展；目視前方（此為左金雞獨立）。（圖 3-287、圖 3-288）

圖 3-289

【動作三】重心下沉，身體屈膝下沉，右腳落地震腳；同時，兩手隨重心下沉向下按於兩胯外側，掌心向下，指尖向前；目視前方。（圖 3-289）

【動作四】腰微右轉再向左轉，兩手隨之向左上掤起，隨即向右轉體，左手逆纏、右手順纏經胸前向右畫弧

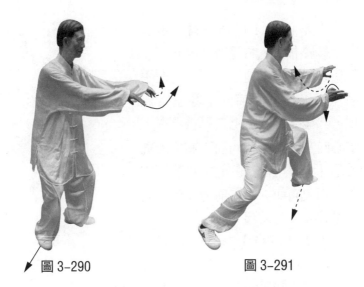

圖 3-290　　　　　　　圖 3-291

繞轉至右脇側時；左腿下蹲，屈
膝前弓，右腳向右後開一大步，
向左前蹬展；同時，兩手左順、
右逆纏向左前方擠按，掌心斜向
左，指尖斜向右上，高與肩平；
目視左前方。（圖 3-290、圖
3-291）

【動作五】腰向右轉，重
心右移，左腳以前腳掌貼地拉撤
至右腳旁，前腳掌虛著地，右腿
屈膝下蹲；同時，隨重心右移左
手順纏向裏畫弧並屈肘轉臂上舉

圖 3-292

至胸前，掌心向裏，指尖向上；右手隨體右轉鬆落腹前，
掌心向左，指尖向前；目視前方。（圖 3-292）

【動作六】腰微右轉，重心完全移於右腿，右腿隨即蹬直，左腿隨之屈膝向上提頂；同時，左手隨左腿上提經面前向上穿掌至頭頂，然後轉臂向左上方順纏掤展，掌心向左，指尖斜向前；右手逆纏弧形下落於右胯側撐按，掌心向下，指尖向前；目視前方（此為右金雞獨立）。（圖3-293）

圖3-293

【要點解析】

「金雞獨立」為偏運身法。當左金雞獨立時，右體主動，左體主靜，其運動在右，因而，此勢以右手、右膝為主。當右金雞獨立時，則是左體主動，右體主靜，當然也就轉為以左手、左膝為主。此是左右迭次、天地循環之理。陳鑫稱此為「已出險而制勝」。即，左右手交替上擎，衝擊敵下頜骨；左右膝交替提頂，擊敵陰部。兩處皆是人之要害處，不可輕用。

此勢單腳獨立，以膝上行擊人，全在「以中氣行於中間」作為身穩、勁整、迅速之保證。中氣（內氣）由丹田出發，沿任脈逆行上過頭頂，轉到腦後，沿督脈下行至長強。此為「氣貼脊背」。

當一腳獨立時，內氣運行以腰為界，上下一齊並運，不可迭次。如右腿獨立，左手、左膝內氣由腰往上行；右手、右腿內氣由腰往下行。如果是左腿獨立，內氣運行正相反。

第六十一式　倒捲肱

【動作一】重心下沉，右腿屈膝下蹲，左腳鬆落至右腳旁，以前腳掌虛著地；同時，左手經面前逆纏而下，置於右肩前，掌心向右，指尖向上；右手順纏裏合前臂置於腹前，掌心向右，指尖斜向前；目視前方。（圖 3-294）

圖 3-294

【動作一、動作二】與第二十二式「倒捲肱」的動作一至動作四相同，可參閱其文字說明。（圖 3-295—圖 3-300）

【要點解析】

與「倒捲肱」要點相同，可參閱其文字說明。

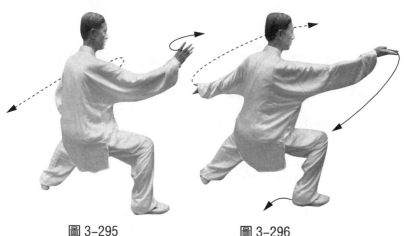

圖 3-295　　　　　　　圖 3-296

圖 3-297　　　　　　　　圖 3-298

圖 3-299　　　　　　　　圖 3-300

第六十二式　退步壓肘

此勢動作與要點皆與第二十三式「退步壓肘」相同，可參閱其文字說明。（圖 3-301、圖 3-302）

圖 3-301

圖 3-302

第六十三式　中　盤

　　此勢動作與要點皆與第二十四式「中盤」相同，可參閱其文字說明。（圖 3-303—圖 3-309）

圖 3-303

圖 3-304

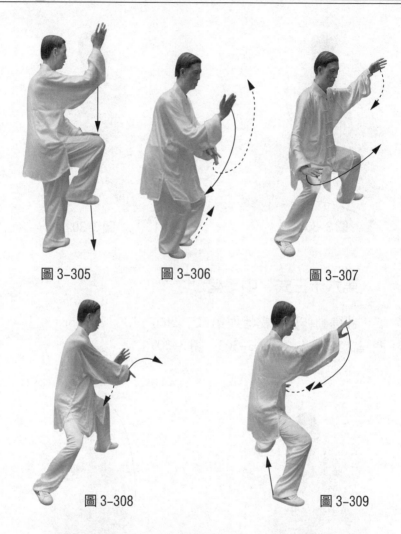

圖 3-305　　　　圖 3-306　　　　圖 3-307

圖 3-308　　　　　　　　圖 3-309

第六十四式　白鶴亮翅

此勢動作與第七式「白鶴亮翅」動作二、動作三相同，要點也與第七式「白鶴亮翅」相同，可參閱其文字說明。（圖 3-310—圖 3-312）

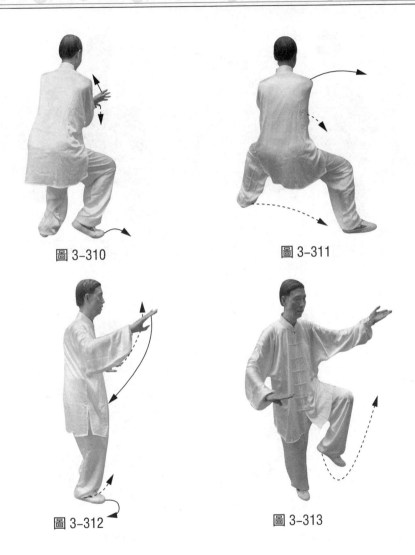

圖 3–310

圖 3–311

圖 3–312

圖 3–313

第六十五式 斜行拗步

此勢動作與要點皆與第八式「斜行拗步」相同，可參閱其文字說明。（圖 3–313—圖 3–317）

圖 3-314

圖 3-315

圖 3-316

圖 3-317

第六十六式　閃通背

【動作一】身微下沉，腰向右轉，右腳向後撤半步，右腿屈膝下蹲，左腳跟隨向後撤半步，以前腳掌虛著地；同時，左勾手變掌，右掌變拳，隨撤步雙順纏向裏合攏，左手置於左胸前，屈臂前伸，掌心斜向右，指尖向前，高與肩平；右手屈肘置於右腹側，拳眼向前；目視左前方。（圖3-318）

【動作二】腰微左轉，重心移於右腿，以右腳跟為軸，身體向左後轉，左腳隨轉體以腳掌貼地弧形向後撤一步，前腳掌虛著地，重心仍在右腿；同時，右肘順纏，隨轉體向左橫打；左手逆纏，經腹前向右合攏，迎擊右前臂外側，掌心向裏。（圖3-319、圖3-320、圖3-320附圖）

圖3-318

圖3-319

圖 3-320　　　　　　　　圖 3-320 附圖

【動作三】重心完全移於左腿，屈膝下蹲，右腳隨即提起向右橫開一小步，左腳向右以腳掌貼地橫跟頓步；同時，兩臂合住勁，隨腰右轉，右肘驟然向右吐發寸勁，左手以掌根緊貼右拳面襯以右肘發勁；目視右前方。（圖3-321、圖 3-322、圖 3-322 附圖）

圖 3-321

圖 3-322　　　　　　　　圖 3-322 附圖

【動作四、動作五、動作六】與第二十七式「閃通背」的動作三、動作四、動作五相同，要點也與第二十七式「閃通背」基本相同，可參閱其文字說明。（圖 3-323—圖 3-326）

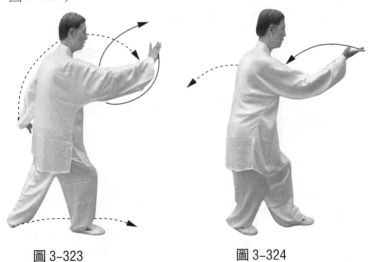

圖 3-323　　　　　　　　圖 3-324

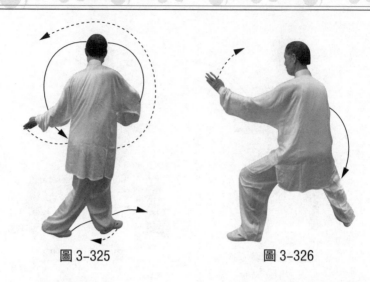

圖 3-325　　　　　　　　圖 3-326

第六十七式　掩手肱捶

　　此勢動作與要點皆與第二十八式「掩手肱捶」相同，但其動作與要點解析的文字說明，須參閱第十四式「掩手肱捶」的文字說明。（圖 3-327—圖 3-332）

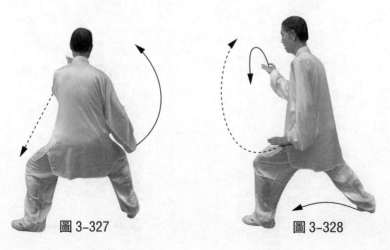

圖 3-327　　　　　　　　圖 3-328

圖 3-329

圖 3-330

圖 3-331

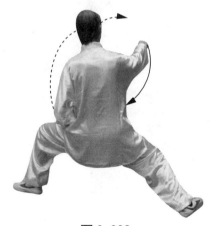

圖 3-332

第六十八式　六封四閉

此勢動作與第二十九式「六封四閉」相同，要點與第四式「六封四閉」相同，可參閱其文字說明。（圖 3–333—圖 3–335）

圖 3–333

圖 3–334

圖 3–335

第六十九式　單　鞭

此勢動作與要點皆與第五式「單鞭」相同，可參閱其文字說明。（圖 3-336─圖 3-339）

圖 3-336　　　　　　　圖 3-337

圖 3-338　　　　　　　圖 3-339

第七十式　運　手

　　此勢動作與要點皆與第三十一式「運手」相同，可參閱其文字說明。（圖 3-340—圖 3-345）

圖 3-340

圖 3-341

圖 3-342

圖 3-343

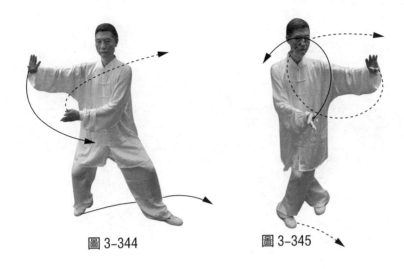

圖 3-344　　　　　圖 3-345

第七十一式　高探馬

此勢動作與要點皆與第三十二式「高探馬」相同，可參閱其文字說明。（圖 3-346—圖 3-349）

圖 3-346　　　　　圖 3-347

圖 3-348

圖 3-349

第七十二式　十字擺蓮

【動作一】腰微左轉，重心左移，左腳仍虛，右腳實；同時，右手順纏轉臂捋至腹前，隨即逆纏旋臂翻腕向右前掤擠，掌心向外，指尖向左，高與肩平；左手在腹部逆纏一小圈，掌心向內，隨右手前掤至右胸前，兩手背相貼，形成合勁，身微右轉，重心仍在右腳；目視右前方。（圖 3-350）

【動作二】腰向右轉，以右

圖 3-350

腳跟為軸，前腳掌外撇，左腳前掌點地；同時，兩手左順、右逆纏交叉轉臂一圈，又交叉合於胸前，左手在裏；

圖 3-351

圖 3-352

身體繼續右轉，重心完全移於右腿，左腳隨即提起向左前斜開一步，右腿屈膝下蹲；兩手逆纏相開，右手向右上撐展，左手向左下捋按，掌心皆向外；目視左前方。（圖 3-351一圖 3-353）

【動作三】腰向左轉，重心移於左腿，屈膝前弓；同時，左手順纏向

圖 3-353

下至左膝側，旋腕轉臂變逆纏至右胸側，掌心斜向外，指尖斜向上；右手順纏，轉臂向右上畫弧至右胸前，屈臂豎起前臂，掌心向外，合於左臂外側，兩臂相搭成十字狀；

目視左前方。（圖 3-354）

【動作四】右腿提起，左腿隨即蹬直，腰向左旋，右腿自左向右扇形踢擺；同時，左掌自右向左迎拍右腳面外側；目視前方。（圖 3-355）

【動作五】右腿踢擺同時，左腿以左腳跟為軸，身體向右後轉 180°；同時，兩掌變拳，右拳順纏自右向下、左拳逆纏自左而上畫弧翻轉；重心隨之下

圖 3-354

沉，右腳在左腳右前方落地震腳；右拳隨震腳向下沉，砸落至右胯前，左拳上舉，高與耳平；目視右拳。（圖3-356、圖 3-357、圖 3-357 附圖）

圖 3-355

圖 3-356

圖 3–357　　　　　　　　圖 3–357 附圖

【要點解析】

此勢以兩手相搭成十字狀，並以左手迎拍右腳外側，故名十字擺蓮。

「十字擺蓮」一勢，擺腳後身體向右翻轉落地震腳打法有兩種：一種是本勢所介紹的方式；另一種是跳躍震腳方式，即當轉身時，借右臂上領勁使身體躍起，轉體落地震腳，同時右拳向右砸落。此勢難度較大，適合年輕人習練。

此勢肢體纏繞動作比較多，在心意引領下，內氣由丹田出發，循督脈逆行而上，過頭頂，向兩肩宣發，再經任脈下降歸於丹田。當左右纏絲伸展胳膊向外去時，內氣沿肩纏到指頭；胳膊往裏收束時，內氣沿指肚纏到腋。此為內氣形於肌膚謂之纏絲勁，行於骨縫中謂之中氣。

第七十三式　指襠捶

【動作一】腰向右轉，重心下降，右腿順纏屈膝前弓，重心移於右腿，左腳前腳掌虛點地；同時，兩拳逆纏向下畫弧，隨體右轉向右上畫弧掤起，右拳略高於肩，左拳置於右胸前，拳心斜相對；目視前方。（圖 3–358、圖 3–358 附圖）

【動作二】腰微右轉隨即左轉，右腳蹬地直起，左腳提起向左前斜方開一步，重心下降，右腿屈膝前弓下蹲，重心偏於右腿，成右偏馬步；同時，隨體右轉左臂內旋，右臂外旋，右拳繼續向右上方畫弧繞轉，左拳順纏向左前翻轉畫弧在左胸前下落，屈臂前伸，隨即變八字掌，掌心向上；右拳逆纏向上、向左畫弧屈臂落於胸前，拳心向裏，兩手合住勁；目視左手方向。（圖 3–359、圖 3–359 附圖）

【動作三】腰向左擰轉，左腿屈膝前弓下蹲，右腿向

圖 3–358

圖 3–358 附圖

圖 3-359　　　　　　　　圖 3-359 附圖

左屈膝蹬展，重心移於左腿；同時，隨體左轉左臂屈肘回掛，左掌變鬆握拳收回左腹前，拳心貼腹；右拳轉臂逆纏向右前下方發勁擊出，拳心向下，上體略前傾；目視右拳。（圖 3-360、圖 3-360 附圖）

圖 3-360　　　　　　　　圖 3-360 附圖

【要點解析】

此勢「周身精神，皆是合勁」。須兩臂於胸前合住勁，落胯圓襠，氣貼脊背。當右拳向前擊襠時要與左肘回掛形成對開勁，同時注意腰向左移、弓左腿、蹬右腿要與掛左肘、擊右拳同時進行。

因此勢周身皆是合勁，「遠則不及，近身方用之」。所以周身之勁俱聚於捶，擊敵之襠。拳諺曰：「人身痛處雖不少，尤痛常存襠口中。」如果眾敵環攻難出群，轉身直取要害處，可解其圍。

第七十四式　白猿獻果

【動作一】腰向左轉，重心移於左腿，右拳逆纏向左畫弧收於腹前，左拳輕貼腹部逆纏一小圈，兩手合住勁；隨即腰向右轉，重心右移，右腿順纏屈膝，左腿逆纏伸蹬，成馬步下蹲；同時，兩拳變掌，掌背相對逆纏畫弧向右、向上掤擠，高與肩平；目視右方。（圖3-361）

【動作二】腰微右轉再向左轉，重心稍右移再向左移，左腳以腳跟為軸向左撇，右腿隨之順纏屈膝前弓，上體向左旋轉90°，右腿隨轉體伸蹬；同時，兩掌變拳，右拳轉臂順纏隨轉體自右而下收於右腰側，拳心向上；左拳轉臂逆纏一個圈，向左前

圖3-361

屈臂前伸，拳心向上，高與胸平；目視左前方。（圖3-362）

【動作三】左腳蹬地前衝，重心完全移於左腿，右腿屈膝上提，高與腹平，腳面繃平，腳尖向下；同時，右拳隨右腿提起旋轉上沖，高與頜平，拳心向裏；左拳順纏屈臂拉撤至腰左側，拳心向上；目視右拳。（圖3-363）

【要點解析】

此勢與「左金雞獨立」有異曲同功之妙。兩勢「上打頜骨，下打陰」皆用擎手與提膝。唯不同處，前勢上打用掌，此勢上打用拳。用拳則勁力更強，故有「右手擎天，直欲天破」之稱謂。

此勢左腳穩，右拳、右膝勁力強，關鍵在於「中氣行於中間」。當兩臂左逆、右順纏螺旋上升時，內氣由督脈上行於肩，形於拳；下行於腿，形於膝與腳。左腳五趾抓

圖3-362　　　　　　　圖3-363

地形成了上下開勁。

第七十五式　六封四閉

【動作一】腰向左轉，右腿左擺；同時，兩拳變掌順纏分向兩側畫弧向上繞轉，屈肘上托分置於兩肩外側，掌心斜向上；目視右前方。（圖 3-364）

【動作二】腰向右轉，右腳向右前邁一步踏實，屈膝下蹲，重心移於右腳；左腳向右併步，以前腳掌著地落於右腳旁；同時，兩手繼續順纏翻掌合勁向右下按，掌心向下，兩掌成「八」字形；目視右前方。（圖 3-365）

【要點解析】

參閱第四式「六封四閉」要點的文字說明。

圖 3-364

圖 3-365

第七十六式　單　鞭

　　此勢動作與要點皆與第五式「單鞭」相同，可參照其文字說明。（圖 3–366—圖 3–372）

圖 3–366　　　　　　　　　　圖 3–367

圖 3–368　　　　　　　　　　圖 3–369

圖 3-370　　　　　圖 3-371

圖 3-372

第七十七式　雀地龍

動作一：腰向右轉，右腿屈膝前弓下蹲，重心移於右腿，左腿向右蹬展，重心下降，成仆步；同時，隨體右轉兩掌變拳，右拳逆纏轉臂上舉，置於頭右上側，拳心向右；左拳順纏轉逆纏自左向右畫弧至頭右上側與右拳相搭，拳心向右；目視左下方。（圖 3-373、圖 3-374）

圖 3-373　　　　　　　　圖 3-374

【動作二】腰微右轉再左轉，左腿下沉鋪腿，右腿繼續下蹲；同時，左拳逆纏自右向左而下，沿左腿內側前伸至左膝上側，拳心向上；右拳逆纏向右上舉，置於頭右側上方，拳心斜向左；目視左下方。（圖 3-375）

【動作三】身體左轉，左腳尖外撇，重心漸向左移，左腿屈膝前弓，右腿向左蹬伸，成左弓步；同時，左拳向

圖 3-375

前順纏擰轉前伸，拳眼斜向前；右拳順纏與左拳一起擰轉，落於右胯前，拳眼斜向前，兩手如擰握長槍；目視前方。（圖3-376）

圖3-376

【要點解析】

此勢又名「鋪地錦」，原是「上步七星」的前半勢。其要點與跌叉相同，唯不同處是「不跌叉」，但仆步要儘量下勢。應做到轉身、仆腿、兩臂擰轉要銜接的連貫、緊湊。

第七十八式　上步七星

【動作一】身體左轉，重心向左、向前移，左腳尖外撇，左腿屈膝前弓，重心完全移於左腿，隨即蹬地起身，右腳提起向前上步，隨著身體重心前移，右腿前弓，左腿蹬伸；同時，右拳逆纏自右而下隨腳上步向前畫弧，經左前臂下方鑽伸向前衝擊，拳心向左，拳眼向上；左拳逆纏裏合回收，腕部交搭在右肘窩上，拳心向裏；目視前方。（圖3-377）

【動作二】重心後移，右拳隨重心後移拉回，兩拳腕部交叉相貼，兩拳心皆向裏，隨即以腕部貼處為軸，向下、向裏、向前翻轉前掤；同時，重心前移，右拳在前，兩拳心皆向裏；目視前方。（圖3-378、圖3-379）

【動作三】重心後移，右腳尖微翹起，腰胯後倚；同

圖 3-377　　　　　　圖 3-378

圖 3-379　　　　　　圖 3-380

時，兩拳略後收，隨即兩前臂內旋，兩拳以腕部交叉點為軸向裏、向下、向前翻轉變掌向前掤擠，右掌在前，掌心皆向前，兩臂撐圓；目視前方。（圖 3-380）

【要點解析】

何謂「上步七星」？此勢兩手相抱體前，兩手、腳形像七星，拳家稱此謂「七星勢」，故名。

有解：此勢定勢突出人體七個主要部位，即頭、肩、肘、手、胯、膝、腳，稱此為「七星」。此七種身體部位具有明顯的對應狀態，正如拳歌云：「此身一動悉顛連，無心成化如珠圓。遭著何處何處擊，妙手無處不渾然。任他四周皆是敵，腳踢拳打下乘拳。」

此勢還具有一種防禦功能，兩手翻轉，是為解脫兩手被擒拿的一種轉法。

第七十九式　退步跨虎

【動作一】身體略下蹲，重心後移，腰微左轉；同時，兩掌在胸前仍以腕部交叉點為軸，向左旋轉一小圈；右腳隨即向後撤一大步，左腳尖隨之內扣，身體向右轉90°，兩腿屈膝，成馬步（面東轉面南）；兩手隨轉體向左右畫弧分開，置於兩膝外側，掌心皆向下；目視前方。（圖3-381、圖3-382）

圖 3-381

圖 3-382

【動作二】腰微右轉，重心移向右腿，左腳提起向右橫移半步，前腳掌虛著地點於右腳前，兩腿屈膝，身微下蹲後倚；同時，右手逆纏自右而上畫弧上提，側立於右肩前，手心向左，指尖向上；左手順纏自左而上畫弧立於腹前，手心向右，指尖向前，兩肘裏合，兩手上下合住勁；目視前方。（圖3-383）

圖3-383

【要點解析】

此勢兩腳要寬分，如窄必成人字襠，同時腰勁、襠勁要下去。腰勁下不去，則內氣不能歸丹田，而胸中橫氣飽滿，失於輕浮，腳底不穩，以致身不自主；襠勁下不去，而臀部泛不起來，前襠則合不住，上體亦扣合不住，形成腳底無力。

拳家認為，會開襠者，襠中上體氣積於卵上邊，即向下一降，俗稱「千斤墜」。隨即卵兩邊大股根撐開，臀部泛起，小腹前合，襠則自開。不善開襠者，襠如人字，上窄下寬，不虛不圓，就是兩腿分的再寬，也不謂開。

第八十式 轉身雙擺蓮

【動作一】上體微向左轉，兩手左順、右逆纏向左畫弧纏繞至左肩前，掌心斜向右，指尖斜向左；隨即以右腳跟為軸，身體向右後轉180°，重心移於右腿；同時，兩手旋肘轉腕左手變逆纏、右手變順纏隨轉體向右後畫弧纏繞180°，高與肩平，指尖向左，掌心皆向外；目視左前方。

圖3-384

圖3-385

（圖3-384、圖3-385）

圖3-386

【動作二】重心完全移於右腿，身體繼續向右後方轉180°，隨轉體左腳提起，屈膝向左掄擺，自然收於右腿前方，腳面不勾不繃，鬆垂向下，成右獨立勢；同時，兩手隨轉體也向右後方平移繞轉180°，兩臂圓撐，掌心仍向外，指尖仍向左；目視左前方。（圖3-386）

【動作三】重心下沉，左腳向左前鏟出，右腿屈膝下蹲，隨即旋腰重心向左移，左腿屈膝前弓，右腿向前蹬伸（面向東南）；同時，兩手隨體左轉，左逆右順纏向右畫弧至右肩外側，然後屈肘轉臂

圖 3-387

圖 3-388

變左順、右逆纏自右而左畫弧，左
手置於左胸前，右手置於右肩前，
掌心皆向外，指尖斜向右；目視前
方。（圖 3-387、圖 3-388）

【動作四】腰向左轉，重心
完全移於左腿，隨即左腿向上蹬
伸，右腳提起向左前上方踢起後轉
向右上方扇形擺腿；同時，兩手左
逆、右順纏自右向左，左先右後依
次迎擊右腳面外側，連續發出兩聲
拍擊聲響，掌心皆向左，指尖皆向
前；目視兩手前方。（圖 3-389）

圖 3-389

【要點解析】

此勢與「擺腳跌叉」一勢的「擺腳」部分動作與要點
相同，唯不同處，此勢須轉體 360°。

轉體穩定是此勢關鍵處，其訣竅在於左右腿的纏絲勁，而使身體保持平衡。右腿獨立，轉體時用的是倒纏勁，內勁由腳趾上行，纏到腿根，歸於襠中；而左腿用的是順纏勁，內勁由腳趾纏到腿根，歸入丹田，再下入襠中。

中氣由丹田逆行，沿任脈過頂，充於腰脊，頂勁上領，上下一線，立身中正，不偏不倚。上領時要注意內勁流注後頂，不可提過，亦不可不及，提過則上懸，不及則氣留胸中，頂部虛靈則身體轉動自如。

第八十一式　當頭炮

【動作一】右腿擺後，右腳向右後方落步，腰隨之向右轉，重心螺旋快速下沉，兩腿屈膝下蹲；同時，兩掌變拳，左順、右逆纏自左向右轉臂鬆落腹前，兩拳心相對；目視前方。（圖3–390）。

【動作二】腰微右轉，重心後移，右腿屈膝下蹲，右腳踏實，左腿微屈變虛；兩拳繼續向右下鬆落，陡然腰向左上折疊擰旋，重心隨之前移，左腿屈膝前弓，右腿向前蹬伸，成左弓步；同時，兩拳隨轉體順纏自下向裏而前發抖勁，兩臂掤圓，左拳稍在前，拳心向裏，高與肩平；右拳稍在後，拳心向左，稍低左拳；目視前方。（圖3–391）。

【要點解析】

此勢當面以捶擊人，故名。又名「護心捶」，顧名思義，以護心為主，心不動搖，則上下四旁皆顧而無失。

圖3-390

圖 3-391　　　　　　圖 3-392

　　此勢所發之勁，運用的是「抖勁」。兩拳自上而下，再從下向上、向右旋轉一圈，纏絲勁即寓於兩肱運行之中；向前發抖勁，其關鍵處，襠勁要開圓合住，兩腳踏實，頂勁領住，兩肩、兩膝、兩踝皆由外往裏扣，周身合力聚於捶。

第八十二式　金剛搗碓

　　【動作一】腰微左轉隨即右轉，重心向右後移，右腿順纏屈膝下蹲，右腳踏實；左腿逆纏，向裏扣膝蹬伸，左腳虛著地；同時，兩拳變掌，左手逆纏、右手順纏向右後伸展，掌心皆向右，右手置於頭右側，左手置於左胸前；目視左前方。（圖 3-392）

　　【動作二】腰微右轉下沉，兩手仍左逆、右順纏繼續向右後下沉；隨即腰向左轉，左腿外旋前弓，腳尖隨之外撇，右腿裏旋向前蹬伸，重心前移；同時，兩手坐腕轉臂，左手隨轉體沿下弧向左前伸擠，掌心向下，指尖向右；右手向右後撐展，掌心向後，指尖向右；目視左前

方。（圖 3–393）

【動作三】重心完全移於左腿，右腳順勢向前上步，前腳掌虛著地，兩膝微屈下蹲；同時，右手隨右腳上步前撩，掌心向前，指尖向下；左手隨之向裏按落至右臂上，掌心向裏，指尖向右，兩手形成合勁；目視前方。（圖 3–394）

【動作四】重心下沉，左腳踏實蹬地起身，右腿隨勢屈膝向上提起；同時，右手由掌變拳，順纏屈肘上抬至胸前，拳心向裏；左手逆纏向下落於腹前，掌心向上，指尖向右，右拳左掌上下相對；隨即周身放鬆，重心下沉，右腳鬆落踏地，兩腿微屈，兩腳與肩同寬；右拳隨右腳下落沉落於左掌心上，右拳左掌疊合於腹前；目視前方。（圖 3–395、圖 3–396）

【要點解析】

此勢要點與第二式「金剛搗碓」要點相同，唯不同處，本勢最後一個動作要表現出整套拳的結束。前幾勢

圖 3–393

圖 3–394

圖 3-395

圖 3-396

「金剛搗碓」右腳落地震腳，要發出金石之聲，而此勢須輕鬆放下，體內鼓蕩之氣要緩緩歸入丹田，全身要有一種鬆快之感。

第八十三式　收　勢

【動作一】重心緩緩上移，身體緩緩起立，兩膝微屈；同時，右拳隨體變掌，兩手順纏向兩側分開，屈肘轉臂向外、向上、向裏畫弧，置於頭的兩側，掌心向內，指尖向上；目視前方。（圖 3-397）

【動作二】重心轉向緩緩下沉，兩手隨即屈肘轉臂逆纏向裏經面前向下畫弧，隨體下沉鬆落於左

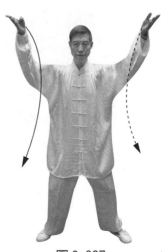

圖 3-397

右胯兩側；同時，重心移於右腿，左腳提起收於右腳旁，身體緩緩直立；兩手自然下垂，掌心皆向裏，指尖皆向下，恢復無極勢，內氣沉入丹田，兩目微閉，收視返聽，默站1分鐘。此為「歸根復命，團陰陽為一，而還於天」。（圖3-398、圖3-399）

【要點解析】

此勢最後收勢面向南方，如果第一路與第二路連續練習時，在打到第八十式「轉身雙擺蓮」轉體時，只轉180°，不要轉360°，再接練第二路。收勢時，方向即可復原為面向南。

圖3-398

圖3-399

第四章

陳式太極拳精練拳四十六式
——傳統參賽套路・北京架

一、陳式太極拳精練拳四十六式簡介

近些年來，國內國際太極拳邀請賽比較多，為廣大太極拳練習者提供了一個展示自己的機會。但「競賽規程」規定太極拳「傳統套路」比賽時間為 4～6 分鐘。為適應國內國際武術賽事，傳統拳套動作就必須進行壓縮。編撰「精練拳四十六式」也就勢在必行了。

「精練拳四十六式」以「一路」拳勢為主，進一步加強以纏絲勁為特點的柔勢外，還增加了「二路」中縱躍動作的剛勢。整個拳套突出體現「拳架規矩」「拳走低架」和「拳勢型美」等三個特點。為達此目標，要求學者必須從三個特點入手，嚴格加強訓練。

(一)拳架規矩

太極拳「拳架規矩」是指拳架形體的外在表現，具有技術性指標的含義。同時，拳架形體鍛鍊也是太極拳最重要的基本功。練者一開始就須將「規矩」搞得清清楚楚，

不可有「重意不重形」和「要意不要形」的錯誤觀念。練者，首要弄清以下四項「規矩」。

1. 立身中正

「立身中正」和「神貫頂」是太極拳之訣要，一絲也不可馬虎。行拳走架時，尾閭穴和百會穴上下必須保持一條線，不可偏，不可倚，不可領，不可欠。進退、仰俯能守於中，起於中，不犯抽扯之病，一進必至。這樣，才能保持重心，而無姿勢偏側和過而不及之病。如果行拳走架低頭凸臀，腰部不直，就是「貓腰」之病，犯「貓腰」之病，就會虛實不分，呼吸不暢，上下不能一氣貫通。

2. 方位準確

方位就是方向角度。太極拳有「支撐八面」之說，也就是八個方向，即四正向、四斜角。練拳必須按照各勢規定的方向運行，不可任意偏轉。如「金剛搗碓」一式，為正向，「斜行拗步」一式為斜角（45°）等。拳中扣腳、轉腰、邁步、落腳、舉臂、出手應各司其職，各司其位，其方向、角度不可隨意，應嚴格以「八卦」定位，即：乾、坤、坎、離四正向，巽、震、兌、艮四斜角。

和式太極拳，他們將身體的運行狀態要用「尺寸」來衡量，手腳的起、行、止規矩端正，故稱「尺寸架」。這也正是「精練拳四十六式」所要求。

3. 重心明白

練太極拳不可越出一個「中」字，若能悟透這個

「中」字，便掌握了自己的「重心」。重心移動多少是以人體「中心」為界的。拳架重心是偏左還是偏右，是三七開還是四六開，都在「中」字這個「尺度中」。明白此理，即明白了重心的轉換。「精練拳四十六式」即以此理為據。

4. 分清虛實

「虛」和「實」亦稱「陰」和「陽」，是太極拳理論的重要概念。所謂「實」，是指運動的主要用力部位；所謂「虛」，是指從屬運動部位。虛實概念，即是人體總負荷的重心偏差所致。

太極拳不能運化者，即虛實不分。邁步如果不能分虛實，則重滯，自立不穩。拳諺曰：「兩腿彎曲分虛實，太極要義在裏邊。」可見「虛實」乃是太極之本源。拳經云：「太極拳一舉手，一投足都離不開陰陽虛實。」因而，「精練拳四十六式」，要求所有動作必須分清虛實。

要求學者在學拳時，首先將步法虛實、手法虛實、身法虛實要弄清楚；然後將虛實滲透到每個拳勢中去，「步隨身換」，及時調整重心，轉換順遂而又能保持人體平衡；進而達到行拳走架能「虛實兼到、忽現忽藏」微妙變換之要求。陳鑫說：「開合虛實，即為拳經。」

(二) 拳走低架

拳架是太極拳全部功夫的基礎。太極拳有高架、中架、低架之分。學習「精練拳四十六式」，要求拳走低架。「低架」稱為「活樁」，其好處正如拳論所云：「培

其根則枝葉自茂，潤其源則流脈自長。」

所謂「根」，即指下盤。「下盤穩固，上肢自然輕靈」。具體而言，「下盤」指的是「腿」，腿的支撐力、耐力增強了，自然襠勁圓活、沉穩，維持動態平衡好，可避免上實下虛，被人所制。

所謂「源」，即指本源。具體而言，「本源」指的是元氣，又稱先天之氣，源於腎通於丹田。拳走低架，尤其是襠走下弧，能增強小腹、腰、襠部位的運動，可大大促進人體氣血循環，使腎藏元陰元陽得以溫、得以養，自然而然血脈流暢，故生機旺盛，反過來可益助腎氣，充盈丹田，週而復始，從而「根本固而枝葉榮」。

低架要注意掌握度。馬步，襠低不能過膝；除仆步外，大小腿彎處夾角不能小於 90°。過者則稱病，為「蕩襠」；弓步膝尖不能超過腳尖，過者也為病，為「跪膝」。

（三）拳勢型美

太極拳是一種性命雙修、身心兼練的拳術，練拳者應表現出一個人的風度、氣質、情操和好的景致來，才是上乘功夫。馬虹先生主張：「以美學基本知識來指導太極拳的造型及其韻律。」其實先人造拳以弧和圓的線條編織的拳勢，連綿不斷，如行雲流水，就充分體現出無比優美的姿態。這說明太極拳從拳理上就要求體現「型美」，其觀賞性，與太極拳的「養生健體」和「防身技擊」功能同等重要。

「精練拳四十六式」其拳勢造型美，總結為「十六字

訣」，即：「低架舒展，輕靈圓活，腰腹螺旋，神韻內涵。」其關鍵字是「舒展、圓活、螺旋、神韻」。這八個字皆是太極拳固有的特徵，但做起來並非易事。太極拳造型美，必須體現在「動作螺旋，充滿了對稱和諧之形，波浪節奏之姿，輕沉兼備之態，氣勢磅礴之勢，外示安逸之神，給人以瀟灑而渾厚，輕靈而凝重，舒展而緊湊，莊重而活潑，情景交融的意境之美感（馬虹語）」。太極拳雖曰武術，但細心揣摩，就會感悟，文在其中、理在其中、情在其中、景在其中，美也在其中。

所謂「舒展」，即是動作舒展、舉止大方、氣勢雄厚、招勢到位，勢勢貫以「起、承、開、合」，而不浮滑潦草。

所謂「圓活」，即是解「拘束」之方法，又是使身體「輕靈」之要訣。

所謂「螺旋」，即是內含陰陽轉換之機，又是太極「本源」。拳歌曰：「手中日日畫太極，此道人人皆不識，果能識得拳中趣，無非一圈一太極。」

所謂「神韻」，即是形美與神美的統一、外美與內美的統一。神是形的命脈，沒有神的形猶如「畫龍無睛」。神韻實際上是「形神合一」「情景交融」。故陳鑫說：「一片神行之謂景。其開合收放，委婉曲折，種種如畫，是之謂景。景不離情，猶情之不離乎理，相連故也。」

實踐是檢驗理論的標準。「精練拳四十六式」要求「拳架規矩」「拳走低架」「拳勢型美」，對學者來說是一個高標準，達到這一標準難度是比較大。但經過弟子、學員刻苦訓練，和參加國內、國際武術重大比賽的實踐證

明，不僅拳架、功夫有了明顯提高，而且多次參加國際國內武術、太極拳重大比賽，都取得了突出的成績。如：2007 年、2008 年本站先後派選手參加了「香港首屆國際太極拳邀請賽」「第 7 屆北京國際武術邀請賽」「第 11 屆邯鄲國際太極拳邀請賽」「北京市『浙商標』武術太極拳比賽」和「北京市『和中杯』太極拳、劍、推手比賽」等，共榮獲名次獎項 40 項。

據《北京晚報》載：「香港首屆國際太極拳邀請賽，有 20 個國家和地區的一百多個代表隊共 1400 名太極高手參加較量，由北京武協常務副主席吳彬九段率領的北京隊技高一籌，獲得 15 個第一名、17 個第二名、2 個第三名，獲獎名次和數量列各隊之首，彰顯了首都傳統武術的實力和風采。」這次比賽本站派出了 3 名選手，共榮獲了 3 枚金牌、1 枚銀牌，是北京隊榮獲獎牌最多的輔導站。

「精練拳四十六式」套路不僅是參賽套路，同時也完全適合普通健身者和太極拳愛好者學習、演練。

二、拳勢名稱順序

第 一 式　預備勢	第 八 式　提　收
第 二 式　金剛搗碓	第 九 式　前蹚拗步
第 三 式　懶紮衣	第 十 式　掩手肱捶
第 四 式　六封四閉	第十一式　披身捶
第 五 式　單　鞭	第十二式　背折靠
第 六 式　白鶴亮翅	第十三式　斬　手
第 七 式　斜行拗步	第十四式　翻花舞袖

三、拳勢動作圖解

第一式　預備勢

【動作一】上場打拳，身樁端正，兩腳並立，兩手下垂，兩目平視，舌抵上腭，胸廓微含，虛領頂勁，氣沉丹田。（圖4-1）

【動作二】鬆胯開襠，兩膝微屈，提起左腳向左跨出一小步，兩腳與肩同寬，靜樁站立。（圖4-2）

圖 4-1   圖 4-2

【要點解析】

預備勢，手腳雖未運動，「而端然恭正之中」，其陰陽開合之機，消息盈虛之數已俱寓於心腹之內。此時，去其妄念，平心靜氣，以待其動。

第二式　金剛搗碓

【動作一】身微下蹲，兩肘微屈，開襠鬆胯，身體微向左轉；同時，兩手抒帶緩緩向左前方掤起，高與肩平，掌心向下，指尖斜向左下方；目視左前方。（圖 4-3、圖 4-4）

【動作二】身向右轉，重心移向右腿，兩腿屈膝繼續下蹲；同時，兩臂屈肘轉臂，兩手左順、右逆纏隨轉體向右平抒畫弧至右肩前，隨即塌掌坐腕，屈肘轉臂變左逆、右順纏，以下塌外碾的纏絲勁向左前方推擠；左腿外旋，右腿內旋；目視左前方。（圖 4-5、圖 4-6）

圖 4-3　　　　　　　　　　圖 4-4

圖 4-5　　　　　　　　　　圖 4-6

【動作三】身微左轉再向右轉，重心微下沉，右腳以
腳跟為軸外撇，重心完全移於右腿，隨即提起左膝，成右

獨立勢；同時，兩手向右捋展開，置於右肩側，掌心皆向外，指尖皆向前；目視前方。（圖4-7、圖4-8）

【動作四】身體重心下沉，鬆右胯，右腿屈膝下蹲，以左腳跟內側貼地向左前方鏟出；同時，兩手左逆、右順纏向右後方大捋伸展，掌心皆向外，指尖皆向上；隨即腰向左轉，重心前移，右腳順勢上步，前腳掌虛著地，鬆胯屈膝下蹲；右手前撩，掌心向前，指尖向下；左手順纏向裏合於右臂肘窩上，掌心向裏，指尖向右，兩臂掤圓，氣貼脊背，形成合勁；目視前方。（圖4-9—圖4-11）

【動作五】鬆腰落胯，重心下沉，左腳踩實蹬地起身，右腿隨勢屈膝向上提起，重心完全落於左腿；同時，右掌變拳，屈肘上提，左掌逆纏向下落於腹部，掌心向上；隨即周身放鬆，重心下沉，拳隨身，身隨勢，右腳鬆落向下震踏；右拳隨重心下沉落於左掌心上，形成上下合

圖4-7

圖4-8

擊；目視前方（圖 4-12—圖 4-14）

【要點解析】

「金剛搗碓」，「太極拳自始至終，獨此一勢是正身

圖 4-9

圖 4-10

圖 4-11

圖 4-12

圖 4-13　　　　　　　　　圖 4-14

法，端而肅，實而虛，柔而剛，上下四旁，任人所感，皆腳以應之」。此勢看似至剛，其實至柔，剛柔皆俱，此稱為「陰陽合德」。此勢下踏震腳時，要求勁由心發，氣機行於腰隙，傳於腿，達於腳。成勢時，震腳、手合、沉氣要同時完成。

　　拳歌曰：「金剛搗碓斂精神，上下四旁寓屈伸。變化無方當未發，渾然太極備無身。」

第三式　懶紮衣

　　【動作一】身微向右螺旋下沉；同時，左掌右拳粘住用順纏在胸腹前旋轉一小圈，右拳變掌經左臂內側向左上方穿出，隨即向右上方順纏，左掌向左下方逆纏分開，形成右上左下的斜向對開勢；目視右前方。（圖 4-15—圖4-17）

圖 4-15

圖 4-16

圖 4-17

【動作二】身微左轉，再轉右旋下降；隨即左手向左
下逆纏，經左胯轉順纏上舉，高不過頭；右手順纏裏合，

圖 4-18 圖 4-19

經胸前變逆纏而開，下按右胯側；同時，提右膝，形成上開下合之勢；目視右前方。（圖4-18、圖4-19）

圖 4-20

【動作三】身體微右旋，左腿鬆胯，屈膝下蹲，右腳跟內側貼地向右鏟出，重心微右移；同時，兩手由大開轉為雙順纏大合，右手合於左手下，掌心向左，左掌心向右；目視左前方。（圖4-20）

【動作四】身微左轉再向右轉，重心右移，漸成馬

步，落襠鬆胯，氣往下沉；同時，兩手由合而開，右手向右轉臂順纏展開至右膝上側，沉肩墜肘，變立掌，掌心向右前方，高與鼻平；左手隨之置於左腹前，掌心向上；目視右掌中指尖方向。（圖4-21─圖4-23）

【要點解析】

此勢腰勁往下鬆沉，沉至大腿根處，撐開襠，勁自

圖4-21　　　　　　　　圖4-22

圖4-23

圓。但腰要虛，一虛則上下皆靈。

　　陳鑫稱此勢「妙於轉旋」。「胳膊大腿皆用螺絲纏勁，斷不可直來直去，一直則無纏綿曲折之意。無纏綿意，不唯屈伸無勢，即與人交手，亦不能隨機應變」，「何以制勝？」

第四式　六封四閉

　　【動作一】身體放鬆，下沉，右腳虛，左腳實；同時，右手以肘、腕為軸纏繞一圈後，隨身左轉逆纏至左肘下，左手圍繞肚臍繞轉一小圈後與右手合於腹前，兩手背合住勁向右前方擠出，兩臂掤圓，高與右肩平；隨即腰向左轉，螺旋下沉，兩手由合而開，兩臂從右至左走下弧，右手順纏上托，置於右膝側，左手逆纏轉臂弧形向左上方掤起，氣貫手背；目視右前方。（圖4-24—圖4-27）

　　【動作二】腰左旋，兩手順纏翻掌分置兩肩外側，掌

圖4-24　　　　　　　　　　圖4-25

心斜向外；隨即旋腰轉膀，旋腕轉臂，兩掌合住勁向右下
方按，兩指尖向前略向外，成「八」字形；同時，重心移
至右腿，左腳向右併步，以前腳掌虛點地落於右腳旁；目
先左顧後視右前方。（圖4–28、圖4–29）

圖4–26　　　　　　　　　　　　圖4–27

圖4–28　　　　　　　　　　　　圖4–29

【要點解析】

「六封四閉」一勢,身體要上虛下實,肩胯、肘膝、手腳上下相合;脊柱要豎起,鬆腰斂臀,有肩靠、肘靠、胯靠、膝靠之意。形成上下四旁,無門可入;左右前後嚴以閉之,無縫能擊,無論是虛來、實來、偏來、正來之敵,皆無虞。

此勢體用,兩肱、兩股皆用纏絲勁,由外往裏纏,取其並力相合以攻之。進如疾風吹人,電光猛閃,手到腳到,愈速愈好。

第五式　單　鞭

【動作一】身微右轉略下降,隨即向左迴旋;同時,右手順纏向內,左手逆纏向外,各翻一個圈,左手掌心向上,右手變勾手經左掌心向右前方逆纏伸展,高與肩平,勾尖向下;左掌弧形移至腹前,掌心向上,指尖向右,形成左屈右伸之勢;目視右前方。(圖4-30、圖4-31)

【動作二】身微右轉,重心全部移至右腿,左腿屈膝徐徐上提,高與腰平,小腿鬆垂,稍向裏合;隨即重心下降,右腿屈膝下蹲,左腳以腳跟內側著地橫蹬鏟出,胯根撐開,重心左移,形成上下斜開勢;目視左前方。(圖4-32、圖4-33)

【動作三】重心向左移,旋腰打肘;隨即左掌自腹前向右至右勾手上側,旋腕外展,弧形轉向左順纏至肩左側,沉肩墜肘變豎掌,指尖向上,目隨左手而注,中指尖與鼻同高;同時,左腿順纏,右腿逆纏,身體向左轉90°,重心左移,兩腿虛實為四六開或三七開;目視左掌中指

圖 4-30　　　　　　　　　圖 4-31

圖 4-32　　　　　　　　　圖 4-33

尖（此為單鞭定勢）。（圖4-34—圖4-37）

【要點解析】

「單鞭」勢兩肱展又如一條鞭，其勢如鞭之毒。胳膊如在肩上掛著一般，運動似柔而實剛，精神內藏而不露。陳鑫稱「此為上乘，拳術盡矣！」其勢「具有四德」：「其

圖4-34　　　　　　圖4-35

圖4-36　　　　　　圖4-37

一，心中空空，虛靈含內（離中虛象）；其二，理實氣空，上虛下實（坎中滿象）；其三，四肢舒開，氣勢盛足（有泰極象）；其四，氣足難移，變化不易（有否之象）」。此勢以虛靈之心，無所不照，「不貪打人，物來順應」。

拳歌曰：「聲東擊西計最良，此是平居善用方。誰知實向東推畢，轉臉西擊一字長。」

第六式　白鶴亮翅

【動作一】身體鬆沉，重心右移；同時，右勾手變掌，兩掌向外旋腕後挒至胸前，隨即兩掌左逆右順纏旋轉一豎圈，左手置於胸前，右手置於右肩後側，掌心皆斜向前；目視左前方。（圖4–38、圖4–39）

【動作二】腰向下沉，左手逆纏變順纏向左前撐，右手由順纏變逆纏向右後伸展；身體隨前撐之勢向左轉，重

圖4–38

圖4–39

心前移，左腳外撇，右腳向前跟一大步落於左腳旁，前腳掌虛著地，兩腿微屈半蹲；同時，左掌掤起，高與頭平，掌心向右前；右掌隨身上步，置於右胯側，掌心向下；目視前方。（圖4-40、圖4-41）

【動作三】身體鬆沉，兩手沿斜立圓左上右下弧線旋繞半圈，隨即兩手左逆、右順纏合勁交叉於胸腹前，左手在上，右手在下，掌心皆向外；隨之腰微左旋，右腳提起，腳尖虛點，坐胯下蹲，重心移於左腿，身體隨即右轉，重心上升前移，右腳向右側邁出；右手向右上方斜開上掤至右肩側，掌心向右前，高與頭平，左手逆纏置於左胯外側；同時，左腳隨右臂上掤之勢自然地向前跟進一步，落於右腳左側，前腳掌虛著地；目視前方。（圖4-42—圖4-44）

【要點解析】

「白鶴亮翅」一勢，象形也。如白鶴舒展羽翼，「意

圖 4-40

圖 4-41

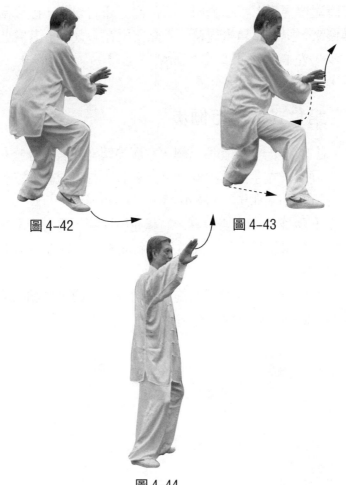

圖 4-42　　　　　　　　圖 4-43

圖 4-44

在此勢純是引進勁」。

　　此勢以右手為主、左手為賓，其神形連綿，手圈、腰圈、腿圈，上中下三圈同轉，合為一體。兩臂斜立圈旋繞上步時，前弓後蹬身到，暗藏殺機，肘打、臂掤、肩靠。

　　其實「與敵交手，能預定其理，不能預定其勢，故在

臨時隨機應變」。拳諺曰：「白鶴亮翅右翅開，虛擎兩手護懷來，沉肘壓肩娥眉梢，一點靈機在心裁。」其意此勢上步，左右手不可直率，如娥眉之彎，又如初三初四之月。如何應用，臨敵全憑「心裁」。

第七式　斜行拗步

【動作一】身體微右轉，右腳尖順勢外撇，身體右轉45°；同時，左手逆纏轉臂上舉至額前，右手順纏下按於小腹右側；目視前方。（圖4-45、圖4-46）

【動作二】周身放鬆，右腿屈膝鬆胯，重心完全移於右腿，左腿屈膝提起，成右獨立斜開勢；目視左手方向。（圖4-47）

【動作三】身體微右旋，右腿鬆胯下蹲，左腳鬆落以腳跟內側貼地向左前方鏟出；同時，兩手含上捋、下按之

圖4-45　　　　　　　　　圖4-46

意，左手向右順纏至右肋前變勾，下摟逆纏至左膝前，勾
尖向下，腕背高與肩平；右手翻掌順纏轉逆纏至左勾手
前，掌心向上；目視左前方。（圖4-48—圖4-50）

圖 4-47　　　　　　　　　　　圖 4-48

圖 4-49　　　　　　　　　　　圖 4-50

【動作四】身體微左轉，隨即右轉；同時，右手旋腕外翻，掌心向外，指尖向上，沿平圓軌跡自左向右徐徐而開，順纏至右腿外側上方，高與肩平，掌心向右前方；氣往下沉，腰微左轉螺旋下降，開胸，鬆胯，圓襠，屈膝下蹲；目先隨右手而注，後轉視左前方。（圖4-51）

圖 4-51

【要點解析】

太極拳有「支撐八面」之說，也就是八個方向，即四正向、四斜角。練拳必須按照各勢規定的方向運行，不可任意偏轉，出手舉臂、邁步落腳，應各司其職。此勢取伏羲八卦巽、震、兌、艮之方位，即 45°隅角。手腳位於四隅，各據一角，身法、方向雖變，但義理不變。要求身轉左右平準，虛靈內含，中正不偏。當身斜開時，上肢肩、肘、手，下肢胯、膝、腳要相應相照，「以中氣運於四肢，各得其宜」。

第八式 提 收

【動作一】身體放鬆，腰微左旋下沉，重心下降，左勾手變掌，兩臂外掤鬆落合於腹前；同時，右腳向兩腿中線後撤一小步，左腳拉撤到右腳前，腳尖虛點地，重心後移落於右腿；隨即腰腹折疊，引領兩臂、兩肘內合，兩手

圖 4-52

圖 4-53

翻掌雙順纏置於左胸前，左掌在前，右掌在後，掌心皆向上，掌根合住勁；目視前方。（圖 4-52、圖 4-53）

【動作二】身體微右轉，重心全部落於右腿，腰微向右下沉，隨即旋轉而起，左腿屈膝上提，高與腰平，小腿自然下垂，成右獨立勢；同時，兩手隨腰右轉，旋腕翻掌，左手在前，右手在後；隨即心氣下沉，隨左腿上提而起之時，兩手向前下方伸展擠按，勁在掌根，掌心向前下方；目視前方。（圖 4-54）

圖 4-54

【要點解析】

此勢取其形骸聚到一處，精神團聚不散。如虎咬人，

先束其身。拳歌曰：「右實左虛藏戞擊，上提下打寓縱擒。果能識得其中理，妙手空空冠當今。」

譜曰：「文章貴蓄勢，打拳亦如是。」此勢「收束其身，法以蓄勢，又有大蓄之意」。「周身全屈，唯兩手前伸，指猶斜勢」，取象「是以群陰害陽，僅存一息」。

此勢上體兩手收束以蓄其勢，「雖似弱而剛健實存於中，而以下體能順從上體，相機而動」。

此勢「下體皆是勁，何患危境」。譜曰：「足來提膝，近來用膝。」其意，膝為下盤之門戶。「防」，提膝是破腿之法，可對付撩陰腿，起到護襠之作用；「進」，用膝可上頂敵之襠腹之處，殺傷力極強。

第九式　前蹚拗步

【動作一】身體下沉，左腳下落；同時，兩手向右後側畫弧挒帶，左手落至腹前，右手落至身體右後方，手心皆向外。

隨即左腳向左前方蹚出一步，身體左轉，重心前移，左腿屈膝坐胯，左腳逐漸踩實，右腿伸展後蹬；同時，左手順纏轉臂至胸前，掌心向右前；右手逆纏至左前臂上方，掌心向左前，繼而右手腕交搭合於左手腕上，形成向前推擠之勢；目視左前方。（圖4-55、圖4-56）

【動作二】身體向左轉45°下沉，左腳外撇踏實，重心完全移於左腳，右腳提起隨轉體腳尖虛點地，向右前方橫向開一步；同時，兩掌逆纏轉順纏向左右展開至腿外側，掌心向外，指尖向上；屈膝、坐胯、沉肩、墜肘，腰微向左旋；目視前方。（圖4-57—圖4-59）

圖 4-55　　　　　　　　圖 4-56

圖 4-57　　　　　　　　圖 4-58

圖 4-59

【要點解析】

此勢重點是「虛實轉換」，打拳如邁步不能分虛實，則重滯，自立不穩。諺曰：「兩腿彎曲分虛實，太極要義在裏邊。」當前蹚一步時，要注意步隨身換，及時調整重心，虛實兼到。同時，注意拳走低架，有意加強腿的支撐力和耐力的鍛鍊。如諺所云：「足平踏地似銅牆。」

第十式　掩手肱捶

【動作一】身體向右轉，以腰領兩手，右手順纏向右後畫弧下按，置於右胯側，左手逆纏向右上方畫弧上掤，置於額前；隨即左手轉順纏向左後畫弧下按，置於左胯側，右手轉逆纏向左上方畫弧上掤，置於額前；目視左前方。（圖4-60、圖4-61）

【動作二】身體放鬆，向右轉體90°，以腰順纏領右手抓握成拳，向上旋前臂翻腕向下裁拳，左手隨轉體沉肘變

圖4-60　　　　　　　　圖4-61

立掌，與右手相合；同時，左腳內扣，右腿屈膝順勢提起；隨即重心下降，右腳下落蹬地震腳，重心移於右腳，左腳變虛，前腳掌虛著地；目視左前方。（圖4-62、圖4-63）

　　【動作三】左腳向左前斜方鏟出，重心仍在右腿；隨即兩手向背後掛肘，左掌變拳，經兩胯沿內弧線至胸前，拳背相對，兩腿屈膝下蹲；目視前方。（圖4-64—圖4-66）

圖 4-62

圖 4-63

圖 4-64

圖 4-65　　　　　　　　圖 4-66

【動作四】身微右轉下沉，兩手順纏翻轉合於胸前，左拳變八字掌，屈肘前伸，掌心向上，右拳鬆落置於胸前，拳心向內；隨即旋腰鬆胯，重心迅速左移，由右偏馬步變為左偏馬步；右拳陡然向右前方發出，拳心向下，左手八字掌迅速收於左脅側；目視右拳方向（圖4-67、圖4-68）

圖 4-67　　　　　　　　圖 4-68

【要點解析】

此勢取震，「震上震下，全身皆如雷不可近，而手其最著也。」譜曰：「一右手進可擊，退可守，外可為一身之主勁。」「不擊則已，一擊則震驚百里。」此勢勁由腳跟起，其用在心，心機一動，中氣即由丹田發出至手，周身全力皆聚於捶。

拳歌曰：「渾身合下力千斤，拳力如風又如雷。勸君智勇休使盡，剩下餘力掃千軍。」

第十一式　披身捶

【動作一】身微右轉，右拳變掌順纏向右上畫弧轉逆纏向左下畫弧至左膝前；同時左手變掌下落與右手交叉相合，左手在上，掌心向下，右手在下，掌心向上；隨即屈膝下蹲，成左偏馬步；目視左前方。（圖4-69、圖4-70）

【動作二】身體右轉，重心漸移右腿，右腿外旋，左腿內旋；同時，以身領兩手，雙逆纏轉雙順纏向左右掤

圖4-69　　　　　　　　圖4-70

開；隨即腰向左旋，重心漸移左腿，右腳隨身左旋向前上半步，前腳掌虛著地，屈膝下蹲；右手畫弧前撩，掌心向前，左手合於右手臂肘窩上；目視前方。（圖4-71、圖4-72）

【動作三】鬆腰落胯重心下沉，左腳蹬地起身，右腿隨勢提膝，重心完全落於左腿；同時，右掌變拳，屈肘上提至胸前，拳心向裏，左手下落於腹前，掌心向上；隨即右腳鬆落，輕輕著地，右拳隨腳下沉落於左掌心內，兩腳與肩同寬；目視前方。（圖4-73、圖4-74）

【動作四】身體往下鬆沉，隨即兩手手背向上左右掤開，高與肩平，右腳向右橫開一大步；同時，兩手交叉相合於胸前，成十字手，屈膝下蹲，成馬步；目視前方。（圖4-75、圖4-76）

【動作五】腰向右轉再向左轉，重心左移，左腿前

圖4-71

圖4-72

弓，左腳踏實，右腿伸展虛蹬；同時，兩掌變拳，右拳順
纏向右上掤舉，高與眼平，拳心斜向左；左拳逆纏至右腋
前，拳心向裏；隨即以身領右拳順纏至左肩前，高與鼻尖

圖 4-73　　　　　　　　　　圖 4-74

圖 4-75　　　　　　　　　　圖 4-76

平，拳心斜向裏；左拳逆纏至左胯外側，拳心向左下；目
視右拳方向。（圖4-77、圖4-78）

【動作六】腰向右轉，重心右移，右腿變前弓，右腳
踏實，左腿變伸展虛蹬；同時，左拳變順纏至右肩前，高
與鼻尖平，拳心斜向裏；右拳變逆纏下落於右胯外側，拳
心向右下；目視左拳方向。（圖4-79）

【要點解析】

「披身捶」其意是「以捶護身」。要求頭要提，胸要
含，腿根不可挾，襠要開圓而虛靈，以備轉關敏捷；膝以
下皆死煞，故全憑腰與襠轉動；右膝與左膝合住，右腳與
左腳合住，周身一齊合住，神氣不散，一氣貫通，方能護
衛周身。

拳歌曰：「兩手分開皆倒轉，兩腿合勁盡斜纏，襠間
撐開半月圓，右手撤回又一拳。」

圖4-77

圖4-78

圖 4-79

第十二式 背折靠

【動作一】身體微向右沉，隨即向左旋轉；同時，右拳逆纏變順纏向上畫弧，引領至左肩上方，拳心向裏；左拳逆纏下落於左胯外側，拳心向左下；目視右拳方向。（圖 4-80）

圖 4-80

圖 4-81   圖 4-82

【動作二】身微下沉，胸腹微合；同時，右拳向左下順纏轉臂變逆纏，屈肘擰裹向右上折靠，略高於頭，拳心向外；左拳以拳面貼於左腰，拳心向外；目視左腳尖方向。（圖 4-81、圖 4-82）

【要點解析】

此勢之要點是「斜中寓正」。打拳能「明乎中正之理不易」。此勢身成斜勢，但「身雖斜而中氣要直」。陳鑫說：「雖四肢形跡呈多偏勢，而中氣之流於肢體中者，自是不偏。」

拳訣曰：「斜中寓正，襠要撐圓，周身齊合，神氣不散，中氣要直，靠更無偏。」

第十三式　斬　手

【動作一】身微右旋，重心移於右腿；同時，兩手握拳雙順纏合於右膝前，接著兩手左順右逆纏翻轉拳背，左

手以挒勁向左側上方撇拳，右手以小逆纏向右後放勁，形成對開勁；隨即身微左旋，重心移至左腿，右腿虛蹬；目視左拳方向。（圖4-83、圖4-84）

【動作二】身體微鬆，左腳外撇，重心完全移於左腿，身體左轉180°，右腿屈膝隨勢提起；同時，右拳順纏

圖4-83

圖4-84

自右向上翻轉高舉過頂，隨即右拳猶如利刀下斬；左拳順纏向下至右膝前，屈臂上提於右肩前，形成左上右下的「削竹勢」，並輔以右腿下沉震腳，兩腿屈膝半蹲；目視前下方。（圖4-85、圖4-86、圖4-86附圖）

圖 4-85

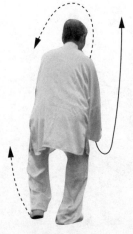

圖 4-86

圖 4-86 附圖

【要點解析】

此勢是兩手一腳同時並用的著擊掙脫方法。當左手被採時，採用「右斬」「右提」「震腳」三者齊施，可以解脫。但應注意下斬時，尾閭須中正，切不可因下斬而使尾閭前傾。陳鑫說：「不偏不倚，無過不及是中氣之用。」「此氣善用，則為中氣，不善用則為橫氣。」

第十四式　翻花舞袖

【動作一】身體微向右轉，右腳蹬地，左腳提起，身體突然躍起向左後翻轉 90°；同時，左手逆纏上提繞過頭頂，以手領身自下而上的大轉身；右手逆纏也由下至上加以輔助；目視左前方。（圖 4-87）

【動作二】身體繼續左轉 180°時，左腳向左後方落地震腳，隨後右腳向前上步落地震腳，重心微後移，兩腿

圖 4-87

屈膝下蹲，襠勁下沉，成馬步；同時，右手從上而下以掌緣下砍，高與腰平；左手成拳向左後下方擊出，置於左膝前；目視前方。（圖4-88、圖4-89）

【要點解析】

此勢是太極拳「解中寓擊」和「擊中寓解」的雙用法。轉身躍起是運用腰脊旋轉身法加大解脫的力度，同時右手借腰軸旋轉的慣性力，加強了右手的下砍勁。此「解中寓擊」又「擊中寓解」，是「以輕制重」之法。

此勢上躍轉身後，注意左腳先落地震腳，右腳稍後落地震腳，要有瞬間的「時間差」。一方面可加大旋轉的慣性力，另一方面可減震。忌兩腳同時落地震腳，防止震傷腳掌、腳踝、膝關節及大腦受傷。

圖 4-88

圖 4-89

第十五式　掩手肱捶

【動作一】接上勢震腳瞬間，左腳蹬地，右腿屈膝提起；同時，雙臂掛肘逆纏向上，借上勢下砍的彈簧勁引領身體向上躍起，兩手成拳高舉過頂；目視前方。（圖4-90）

圖 4-90

【動作二】右腳落地震腳，屈膝下蹲，左腳向左前方鏟出，成右偏馬步；同時，左手成八字掌逆纏置於左胸前，掌心向上，右拳逆纏下落置於右胸側；目視左前方。（圖4-91）

【動作三】腰微右旋，胸腹折疊，腰再左旋；右拳快速向右前方擊出，左手快速收於左脇旁；同時，左腿前弓，重心左移，右腿後蹬，成左偏馬步；目視前方。（圖4-92）

圖 4-91

圖 4-92

【要點解析】

此勢在拳套中是體現「蓄勁與發勁」的拳勢。古拳譜云：欲練蓄發勁「先要神氣收斂入骨，勁由內換。勁起於腳跟，變換在腿，含蓄在胸，運動在兩肩，主宰在腰，發於梢節」。形成「身如弓弦手如箭」，彙聚周身之力突出在右拳上。

第十六式　雙推手

【動作一】身體右轉，重心微右移；同時，右拳變掌順纏向左下捋至腹前，左手貼腹逆纏向右，兩手背交叉相合，兩臂掤圓，自左向右徐徐畫弧掤擠，高與肩平；目視兩手方向。（圖4-93、圖4-94）

圖4-93

圖4-94

圖 4-95

【動作二】身微右轉，兩手向右鬆引轉腕向前伸展，手心皆向上，右手在前，左手在後；隨即身體向左轉 90°，重心左移，左腳以腳跟為軸向左外撇，右腳以腳尖擦地向左前方畫弧上步，腳尖虛著地，置於左腳前；同時，兩手左順、右逆纏隨轉體向左上方掤於胸前，掌心斜向上；目視前方。（圖 4-95、圖 4-96）

圖 4-96

【動作三】身體繼續左轉，重心繼續左移，右腳順勢向前邁出一步，重心移至右腳，左腳向前併步，落於右腳旁，腳尖虛點地；同時，兩手左逆、右順纏翻掌置於胸前，掌心斜向對，指尖斜向

上；隨即身體右轉，兩臂合住勁，以身領手隨轉體向前推擠，掌心皆向前，指尖斜向上，虎口相對，重心右移；目視前方。（圖4-97、圖4-98）

【要點解析】

此勢為合手前擠之勢，要求腰脊圓撐與兩臂抱肩合肘相配合；內氣由丹田上行，經脊背、兩肩到掌根，周身一家，催身前擠，身到、手到、腳到，意有排山倒海之勢。

第十七式　倒捲肱

【動作一】身微左轉，兩臂雙逆纏轉雙順纏，左手立掌置於左胸前，右手鬆落置於腹前；隨即左腳以前腳掌貼地向左後弧形撤一大步，重心隨之後移，屈膝下蹲；同時，左手隨撤步下捋至左胯外側，掌心向下；右手從胸腹前穿出至右肩前，掌心向右，指尖斜向上；目視右前方。

圖4-97　　　　　　　　圖4-98

圖 4-99　　　　　　　　圖 4-100

（圖4-99、圖4-100）

【動作二】腰向左轉螺旋下降，兩臂雙逆纏轉雙順纏前後展開，重心前移，掌心皆向上；隨即右腳以前腳掌貼地向右後方弧形撤一大步，重心後移，屈膝下蹲；同時，左手逆纏向前推擠至胸前，掌心向右，指尖斜向上；右手收回在胸前與左前

圖 4-101

臂交叉而過，隨右腳後撤步向右後捋按，置於右胯側，掌心向下；目視左前方。（圖 4-101—圖 4-103）

圖 4-102　　　　　　圖 4-103

【動作三】與動作二的圖 4-101—圖 4-103 動作相同，但方向相反。（圖 4-104—圖 4-106）

圖 4-104

圖 4-105

圖 4-106

【要點解析】

此勢「左手隨左腳，右手隨右腳，上下相隨，倒而捲之」。譜稱「雖退行倒捲，無所傷害」「以手倒捲，戰也」。陳鑫云：「如勁敵在前加以兵刃，而後退行倒捲而戰，能保必無傷害乎！」

此勢陰陽來回更換，但退行要有正無偏。身雖後坐，而意領向前，自然平準無偏。

第十八式　退步壓肘

【動作一】身體放鬆，腰微左轉，右手隨身體向左蓄引之勢逆纏鬆落至左腹前，左手順纏至左側上方；隨即腰向右轉，左手順纏變逆纏至右腹與右前臂相交叉，掌心皆向內，重心移於右腿；目視左前方。（圖 4-107、圖4-108）

圖 4-107　　　　　　　　　圖 4-108

【動作二】身向左轉，重心左移，胸腹折疊，以腰為主宰運化纏絲勁，領右肘逆纏向左扣；同時，右腳提起，以前腳掌貼地向右後斜方弧形撤步，重心微右移；隨即右手上掤內扣，左手逆纏壓於右前臂上，掌心向下；目視左前方。（圖 4-109—圖 4-111）

【動作三】鬆腰落胯下沉，重心移至右腿；同時，左手逆纏向左前弧形下按，右手順纏翻掌下按，左掌在前，右掌在後，掌心皆向下，指尖皆向左；目視左手方向。（圖 4-112）

【要點解析】

此勢為「雙臂磨盤纏絲勁」，兩臂以肘為軸，身以腰為軸，腿以膝為軸，上中下三軸齊轉，全身一合俱合，一動無有不動；配合拳勢低架，襠走下弧，可大大促進人體氣血循環。正如拳論所云：「培其根則枝葉自茂，潤其源則流脈自長。」

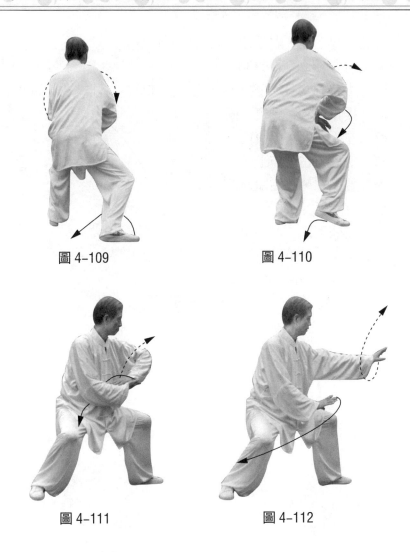

圖 4-109

圖 4-110

圖 4-111

圖 4-112

第十九式 中 盤

【動作一】腰微右轉再左轉，重心隨之前移，左腿前弓，右腿後蹬；同時，左手逆纏下落轉順纏向左前翻掌，

置於左膝上方，右手鬆落向右胯外側伸展，掌背向上；目視左前方。（圖4-113）

【動作二】腰微下沉，重心全部移於左腿，右腿屈膝向上提頂，高與腰齊；同時，左手逆纏下落腹前，右手逆纏向右後方上舉；隨即腰微左轉，右腿鬆落震腳，重心隨之移於右腿，屈膝下蹲；右手屈肘以肘尖自上而下隨震腳下沉，掌心向左，指尖向上；目視前方。（圖4-114、圖4-115）

圖 4-113

圖 4-114

圖 4-115

圖 4-116

圖 4-117

【動作三】腰微下沉，重心完全移於右腿，左腳提起向左後橫開一步；同時，左手順纏向上至左胸前，兩手相合，隨即腰向左轉，重心左移，兩手隨腰下沉左上右下徐徐展開，左手置於左額前，右手置於右胯側，掌心皆向右下方；目視前方。（圖 4-116、圖 4-117）

【要點解析】

「中盤」一勢，立身中正，神貫頂，「有包羅萬象，得乾坤正氣象」。當兩手相合相開時，充分地體現出陳式太極拳「欲開先合」「欲左先右」和「合中寓開」的特點。成勢時，心平氣和，凝眸靜視，一身虛靈之氣。

第二十式　閃通背

【動作一】腰微下沉，兩手鬆落小腹前，隨即在胸腹前雙逆纏而開，變雙順纏相合於小腹前；同時，右腳借纏絲勁的向心力收於左腳前，接著右腳向右蹬出一步，右手

圖 4-118

圖 4-119

隨步向右前掤出，變立掌；左手鬆落左胯側，掌心向下；
目視右掌方向。（圖 4-118、圖 4-119）

【動作二】身體右轉，上左步，左腳尖虛點地，重心
移於右腿；同時，右手向右後
畫弧經右胯側，翻掌向前伸展
穿掌；左手向前畫弧經胸前向
左後下按，掌心向下；目視前
方。（圖 4-120、圖 4-121）

【動作三】身體微右轉
下沉，左腳內扣，以腳跟為
軸，向右後旋轉 180°，右腳以
前腳掌貼地向右後弧形掃半
圈，重心隨勢移於右腿，兩腿
開胯下蹲；同時，兩手隨轉體
左順、右逆纏經頭上畫弧緩緩

圖 4-120

鬆落，左手置於左胸前，右手置於左肘內側，手心皆斜向
下；目視左前方。（圖4-122─圖4-124）

【要點解析】

此勢為倒轉圈。言「通背」，是指內氣運行。內氣

圖4-121

圖4-122

圖4-123

圖4-124

「由丹田與任脈逆行而上至百會，由百會下通於長強、會陰，是謂通背」。其體用，如有人摟住後腰，腰向前猛一彎，用背後長強往上用力挑其小腹，敵自從頭上閃過顛翻在地，此謂閃通背。

第二十一式　掩手肱捶

此勢動作及要點與「第十式掩手肱捶」相同，唯動作方向相反。（圖4–125－圖4–133）

圖4–125

圖4–126

圖4–127

圖 4-128

圖 4-129

圖 4-130

圖 4-131

圖 4-132

圖 4-133

第二十二式　運　手

【動作一】腰向右轉，右拳變掌順纏變逆纏向左畫弧至小腹，左手向右前逆纏，兩手背相合，隨即向右前掤擠，至右胯側，兩手旋腕分開，右手在前，左手在後，掌心皆向上，重心右移；目視右前方。（圖 4-134、圖 4-135）

【動作二】身微下沉，左腳外撇，重心完全移於左腿；同時，兩手左順右逆纏自右至左走下弧，以手領身向左轉體 180°，提起右膝，成左獨立勢；隨即上右步，跟左步落於右

圖 4-134

腳旁，重心移至右腳，左腳尖虛點地，兩手隨上步左逆右順纏向右側推擠；目視右前方。（圖 4–136—圖 138）

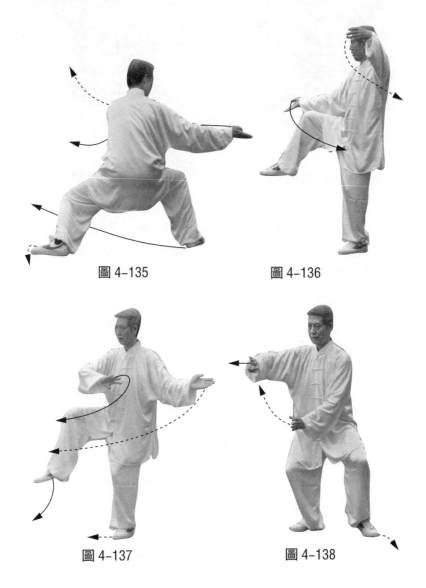

圖 4–135　　　　　　　　圖 4–136

圖 4–137　　　　　　　　圖 4–138

圖4-139　　　　　　　　　圖4-140

【動作三】身微下蹲，腰先向右轉再左轉，右腳踏實，左腳向左橫開一步，隨即右腳隨腰左轉插步於左腳後，腳尖虛點地，重心移於左腳；同時，左手逆纏變順纏自右下向左上畫弧，置於左肩側，略高於肩，手心斜向左；右手順纏變逆纏，自右上向左下畫弧，置於左腋下，掌心向上；目視左手方向。（圖4-139、圖4-140）

【動作四】腰先左轉再右轉，重心移於右腳，左腳向左橫開一步；同時，右手逆纏變順纏自左下向右上畫弧，置於右肩側，略高於肩，掌心斜向右；左手順纏變逆纏自左上向右下畫弧，置於右腋下，掌心向上；目視右手方向。（圖4-141）

【動作五】身體下蹲，腰向左轉，重心向左移，右腳隨轉體左轉插步於左腳後，腳尖虛點地，重心移於左腳；同時，左手逆纏變順纏自右下向左上畫弧，置於左肩側，略高於肩，手心斜向左；右手順纏變逆纏自右上向左下畫

圖 4-141　　　　　　　　圖 4-142

弧，置於左腋下，掌心向上；目視左手方向。（圖 4-142）

【要點解析】

此勢是橫向移步，兩腳更迭，轉機不能停留。要求「兩手領兩腳內外轉徐徐。中氣貫脊中，不可歪一處」。

此勢兩肱兩腿皆用的纏絲勁，斷不可直來直去，一直則無纏綿曲折之意，與人交手亦不能隨機應變。轉關靈，妙於轉旋，才勝人一籌。經曰：「得勢爭來脈，出奇在轉關。」

第二十三式　高探馬

【動作一】腰微右轉，重心右移，左腳向左前斜方開一步，重心漸向左移，屈膝下蹲，成馬步；同時，左手向下、向右前逆纏，右手順纏與左手交叉於右腹前，右手在上，左手在下，手背相合相對；隨腰左轉，兩手逆纏向上

圖4-143

圖4-144

畫弧經面前分向兩側伸展至兩
肩側，手心皆向外，指尖斜向
上，高與肩平；目視右前方。
（圖4-143、圖4-144）

【動作二】腰向左轉，
左腳外撇隨之轉體，重心移於
左腿，右腳上步落於左腳旁，
腳尖虛點地；同時，兩手隨轉
體合於左胸前；目視右前方。
（圖4-145）

圖4-145

【動作三】腰微左轉，
重心移於左腿，右腳提起向右斜方開一步，重心漸向右
移，屈膝下蹲，圓襠落胯，成馬步；同時，兩手雙逆纏轉
雙順纏經胸前分向兩側畫弧伸展至兩肩側，手心向外，指
尖向上；目視前方。（圖4-146、圖4-147）

圖 4-146

圖 4-147

【動作四】腰向左轉，重心移於右腿，屈膝下蹲，右腳內扣，左腳向後拉撤至右腳旁，腳尖虛點地；同時，左臂屈肘，左手收回至腰左側，掌心向上；右臂屈肘轉臂從耳側順纏橫掌向前推擠；目視前方。（圖 4-148）

【要點解析】

此勢成勢如整鞍探馬勢，右手是順纏勁，左手是倒纏勁。譜曰：「要拳不能不擊人，不擊人不能衛身，何用之？頤中有

圖 4-148

物。」就是說，練拳時要有假想敵。

此勢手在外而實，心在內而虛，胸要含住，氣貼脊背。右掌推出體現「虛籠詐誘，只為一轉」。

第二十四式 右擦腳

【動作一】腰微左轉，左腳提起向右腳前蓋步，成交叉步，腳尖外撇，隨即兩腿屈膝下蹲；同時，兩手雙順纏外掤，隨即轉雙逆纏兩前臂合抱於胸前，掌心相對；目視右前方。（圖4-149、圖4-150）

【動作二】兩腿蹬伸，身體立起，微右轉；同時，兩手順纏經面部向左右畫弧，右手置於頭右前上方，掌心向右前，左手向左後撐展，掌心向左後；隨即右腳向右前方踢起，右手下落迎擊右腳面；目視右前方。（圖4-151、圖4-152）

【要點解析】

此勢主要動作是兩臂大順纏而合，轉大順纏而開。當兩臂雙開、右手拍擊右腳面時，左腳支撐要穩，身法中正

圖4-149

圖4-150

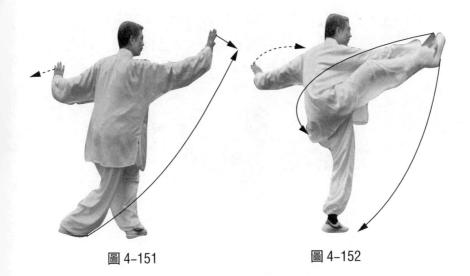

圖 4-151　　　　　　　　　圖 4-152

不可歪斜。譜曰：「內以中氣運之，前彎腰，後臀霸，得其中正。」陳鑫云：「要拳非真遇敵，拍其右足，預形禦敵之威也。足上踢，手下打，有益之意，故取諸益。」

第二十五式　左擦腳

【動作一】右腳下落向前半步，腳尖外撇踏實，身體右轉，重心移於右腿，隨轉體兩腿屈膝下蹲，成交叉步；同時，兩手順纏轉逆纏兩臂交搭相合，右手在下，掌心向上，左手在上，掌心向下；目視左前方。（圖4-153）

【動作二】兩腿蹬伸，身體立起，微左轉；重心移於右腿，

圖 4-153

左腳向左前方踢起；同時，兩手順纏向左右兩側分開，左手下落迎擊左腳面；右手向右後撐展，掌心向右後；目視左前方。（圖 4-154、圖 4-155）

圖 4-154

圖 4-155

【要點解析】

右左擦腳，兩勢轉換盡在一合一開之間，因而要求「頂勁領起，襠勁下去，一勢一腳立分明」。開時氣勢飽滿，合時精神內斂，渾然一體。

第二十六式 左蹬一根

【動作一】左腳自然下落，以右腳跟為軸，身體向左後轉體135°，左腳隨轉體向左後撤步落於右腳左側，兩腿屈膝下蹲；兩手置於身體兩側，掌心皆斜向下；隨即右腳向右橫開一步，左腳向右拉步，腳尖虛點地，重心移於右腿；同時，兩掌成拳向腹前逆纏交叉，左拳在上，右拳在下；拳心皆斜向裏；目視左前方。（圖4-156、圖4-157）

圖 4-156

圖 4-157

圖 4-158 圖 4-159

【動作二】腰微下沉，重心完全落於右腳，五趾抓地踏實；隨即左腿屈膝提起，兩臂合住勁，陡然全身發力，以腳跟向左側快速蹬出；同時，兩拳猛然向上、向左右兩側分別發勁彈出；目視左前方。（圖 4-158、圖 4-159）

【要點解析】

此勢要意「頂勁領好，右腿微屈，臀部後坐，即為霸住」。雖腳向西蹬，身往東斜，然其勁東西用力，停而才能得其中正。陳鑫說：「此身法偏斜，是亦中正之偏，偏中有正，具有真意。」此勢要求「動而健，剛而應，如雷之疾，而立腳要穩」。

古拳譜稱此式謂「中單鞭」，「兩肘皆屈住，如裹鞭炮，忽然用順勁一齊展開」。兩肱之勁，行於肩，過肘至指，此為順纏勁。陳鑫說：「心存以敬，運以中氣，何往而不可。」

第二十七式　前蹚拗步

【動作一】左腳收回向左前方落步，左腿屈膝前弓，右腿漸漸伸展前蹬，重心前移，身體隨之向左旋轉45°，面向東北方；同時，兩拳變掌，左手順纏至胸前，手心斜向後，指尖向右；右手逆纏以掌根搭於左腕內側，手心向左前，指尖向左上方，成向前推擠之勢；目視左前方。（圖4-160、圖4-161）

【動作二】身微下沉，重心前移，左腳外撇踏實，重心完全落於左腳，右腳提起，隨向左轉體45°，落於左腳右側，腳尖虛著地；右腳隨即向右斜前方橫開一步，重心漸向右移；同時，兩掌逆纏轉順纏分向左右展開至兩腿外側，掌心向外；隨即鬆腰、屈膝、坐胯，兩臂順纏墜肘，坐腕變豎掌，指尖向上；目視前方。（圖4-162─圖

圖4-160

圖4-161

圖 4-162

圖 4-163

圖 4-164

4-164）

【要點解析】

此勢要點在於「虛實轉換」，行拳時要注意步隨身換、虛實兼到。當前蹚一步，兩手向前推擠時，周身需要合住勁，形成左手背領勁、右手心吐勁，腰脊貫住勁，一氣呵成，不可有斷續處。要形成始於腳，通於背，主於腰，形於掌的螺旋勁。

第二十八式　擊地捶

【動作一】腰向右轉，兩手向右掤舉，隨即轉臂旋腕向左下捋帶，手心向外，指尖斜向右前；腰繼續右轉，右腳外撇，重心完全移於右腳，左腳隨即提起斜上步，落於右腳左前方，前腳掌虛著地，右腿屈膝下蹲；同時，兩手隨轉身，右手順纏置於右腹側，掌心斜向左下；左手逆纏置於左前上方，掌心斜向左上；目視左手方向。（圖4-165、圖4-166）

【動作二】腰繼續右轉，重心完全移於右腿，隨即左腳提起向左前方邁出一步，踏實屈膝前弓，右腿隨勢向前伸蹬，身體向前傾俯；同時，左臂屈肘，左手變拳逆纏向左上方繞舉，拳心向外，略高於頭；右手變拳由外向內逆纏一小圈，向前栽拳下擊，拳面向下，拳心向裏；目視下

圖 4-165

圖 4-166

圖 4-167　　　　　　　　圖 4-167 附圖

方。（圖 4-167、圖 4-167 附圖）

【要點解析】

此勢身雖俯偃於地，但身法端莊而正無偏，要求在俯偃中達到「尾閭正中神貫頂」。其法為「腰大彎下去，後頂更得往上提住，勿令神庭、承漿向下，即令後頂提領，而不向下」（陳鑫語）。正如拳譜所云：中正不偏其實是「非形跡之謂，乃神自然得中謂也」，「正時亦正，斜時亦正」。心神中正了，運勁自然，才「無過不及」。

第二十九式　翻身二起腳

【動作一】身體右轉 90°，隨轉體左腳內扣，左腿逆纏向裏轉，屈膝坐胯下蹲；右腳隨勢收回半步，前腳掌虛著地，重心移至左腿；同時，左拳內旋隨轉身下落至腹前，右拳上提，在腹前與左拳相交，左拳在外，右拳在內，拳心皆向裏；隨即兩手隨勢雙順纏而開，右拳向上、

向前、向下畫弧落於右胯側，拳心向左上；左拳向上、向前畫弧置於頭左側，拳心向右下；目視前方。（圖4-168、圖4-168附圖、圖4-169）

圖4-168　　　　　　　　　圖4-168附圖

圖4-169

【動作二】腰微右轉，重心完全移於左腿，右腿屈膝提起，小腿前伸，腳面不勾不繃，自然平展；同時，右臂屈肘，右拳順纏一小圈，伸指變掌置於右膝外側，掌心斜向上；目視前方。（圖4-170）

【動作三】重心前移，右腳向前落步踏實，左腳向前上方踢出；同時，左拳向前、向上畫弧領勁；當左腳尚未落地時，右腳隨勢蹬地躍起，向前方繃平腳面上踢；右掌向後、向上、向前、向下逆纏一圈迎擊右腳面；隨即左腳落地，左手鬆落左胯側；目視前方。（圖4-171—圖4-173）

【要點解析】

「二起腳」是縱躍身法，即左右二腳相繼躍起踢出，故名「二起腳」。起跳應借兩臂立圓輪繞的摜勁帶動身體上提騰空。此式注意：上下肢要配合一致，手腳相擊要有聲，右腳踢出過頂為宜。

圖4-170

圖4-171

圖 4-172

圖 4-173

第三十式　獸頭勢

【動作一】右腳落地，左腳向左斜後方撤一大步，右腿隨之屈膝前弓，左腿向左前伸蹬；同時，兩手左順、右逆纏從左向右前方推出，手心皆向右，指尖皆斜向上；目視右前方。（圖4-174）

【動作二】腰微右轉，重心後移，隨即右前腳

圖 4-174

掌貼地向後撤步至左腳右側虛著地，兩腿隨之微屈，左腳實、右腳虛；同時，兩掌變拳隨後撤步置於腰兩側，拳心

皆向內；目視前方。（圖 4–175）

【動作三】腰向左轉，右腳向右後斜方撤步；同時，兩臂隨腰左轉向左前方發力推出，兩拳心皆斜向裏，兩肘下沉，兩臂成圓，高與胸平；隨即弓左腿，蹬右腿，重心移於左腿，成左弓步；目視左前方。（圖 4–176）

【動作四】腰微右轉再左轉，左腿內旋轉外旋向前弓，右腿外旋轉內旋向前伸蹬；同時，左拳向右逆纏，經胸前下落置於左膝上；右拳向左、向下繞左拳逆纏一圈變順纏向上、向外發勁掤擠，右拳置於胸前，左拳置於腹前，右拳在上，左拳在下，拳心皆向內；目視前方。（圖 4–177）

圖 4–175

圖 4–176

圖 4–177

【要點解析】

此勢又稱「護心捶」或「打虎勢」。「本勢精神全聚於目，觀敵所來之路徑而乘便以應之也」。此勢之本意「欲剛先柔，欲揚先抑。太和元氣，渾然中伏」。拳諺曰：「兩拳上下似獸頭，機關靈敏內藏胸，護心捶裏無限意，欲用剛強先示柔。」

第三十一式　旋風腳

【動作一】腰微右轉再左轉，重心漸左移；同時，兩臂以肘為軸，左順右逆纏向左肩前掤起，雙拳隨即繞轉變掌，手心斜向外，指尖向左；隨之腰向右旋，兩手變左逆右順纏向右胯側捋帶，手心斜向外，指尖斜向右，重心移於右腿；目視右前方。（圖4–178、圖4–179）

【動作二】腰繼續左轉，重心完全移至左腿，隨體左轉右腿提起；同時，左手順纏向左上方撐起，手心斜向

圖4–178　　　　　　　　圖4–179

下，指尖斜向前；右手逆纏向左上托起，手心向上，指尖向前，右臂沉於右膝外側；目視右前方。（圖4-180）

【動作三】腰微右轉，左腿屈膝下蹲，右腿外旋，腳尖上翹外撇，向前上半步，右腳跟先著地；同時，右手向右後旋轉，經右胯向前推，虎口向前，手心向左；左手弧形下落於胸前，合於右前臂上，手心向右；隨即重心前移，右腿屈膝前弓，左腿屈膝後蹬，前腳掌著地，腳跟提起，上體保持中正；目視右手方向。（圖4-181）

【動作四】腰微向右下旋轉，重心移於右腿，襠勁裹住，左腿隨體右旋陡然發力以弧形向右上方掃擺；同時，兩臂順纏向兩側展開，左掌橫拍左腳內側；隨勢右腿以腳跟為軸向右後旋轉180°，左腳落於右腳內側，重心仍在右腿上，兩膝微屈下蹲；兩手鬆落，置於腹兩側，手心皆斜向後，指尖斜向下；目視前方。（圖4-182、圖4-183）

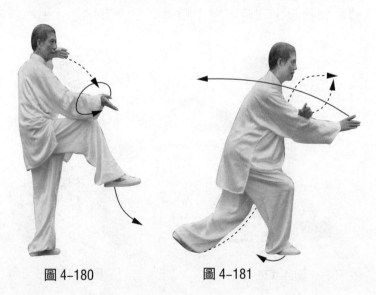

圖 4-180　　　　　圖 4-181

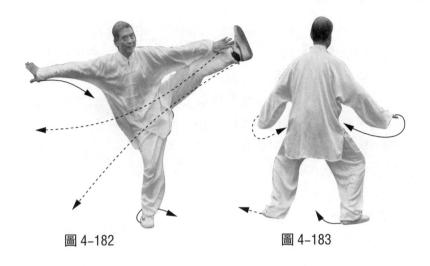

圖 4-182　　　　　　　　圖 4-183

【要點解析】

「旋風腳」在拳勢中為變格之勢，腳在下，前踢、後蹬，此為正格。今以左腳旋風橫運擊人，故稱變格。

此勢用的是裏禩旋掃勁，從起腳到落腳約旋掃 180°，是一個高難度的動作。橫掃時要掌握好「三勁」，即：頂勁要領住，禩勁要裏住，腰勁要合住，全身一合俱合，一開俱開，周身之勁成為一體。

拳歌曰：「聲東擊西計最良，此是平居善用方。任他無數敵來攻，一腳橫掃萬重山。」

第三十二式　右蹬一根

【動作一】腰微動，兩臂微合，重心略上移，隨即身體下蹲，重心右移，左腳向左橫開一步，重心移至左腿，右腳隨之以前腳掌貼地收於左腳旁，腳尖點地，成虛步；

同時，隨開步兩手順纏向左右圓撐；隨右腳收步兩手下落，兩前臂搭於腹前，兩掌變拳，左拳在上，右拳在下，拳眼皆向上；目視前方（圖4-184）

【動作二】重心完全移於左腿，右腿屈膝提起，胸腹蓄住勁，兩臂陡然向左右兩側大開彈抖發勁；同時，右腳以腳跟向右側突然蹬出發勁；目視右前方。（圖4-185、圖4-186）

【要點解析】

此式要點與「第二十六式左蹬一根」相同，唯左右腿不同。

圖4-184

圖4-185   圖4-186

第三十三式　掩手肱捶

【動作一】右腿鬆落，屈膝收回，腳尖似著地不著地，重心仍在左腿上；同時，右拳順纏下弧線落於左脅側，向上收提，拳心向左後方；左拳順纏上弧線至右脅側與右前臂相搭，拳心向右後方，左拳在上，右拳在下；目視右前方。（圖4–187）

【動作二】腰微下沉，隨即左腿向上蹬伸，左腳以腳跟為軸，腳尖內扣，腰向右上擰旋，使身體向右旋轉90°；同時，右拳左弧線逆纏上提，拳心向內，隨擰腰轉體向右翻落於右胯側，拳心向上；左拳右弧線逆纏向內下翻轉向上，置於左肩側，拳心向右，隨轉體兩臂向後發彈抖勁；右腿屈膝上提，成左獨立勢；目視前方。（圖4–188）

【動作三】右拳向裏轉臂翻腕落於腹前，拳心向下；

圖 4-187

圖 4-188

左拳變掌，前臂豎起，肘往裏合下沉，掌心向右；同時，右腳隨沉氣重心下沉蹬地震腳，隨即重心移於右腿，左腿變虛，前腳掌虛著地，兩腿屈膝下蹲；目視前方。（圖4-189）

圖4-189

【動作四】左腳向左斜前方鏟出，重心仍在右腿；兩手向背後掛肘，左掌變拳，經兩胯沿內弧線至胸前，拳背相對；隨即兩腿屈膝下蹲，身微右轉下沉，重心移於右腿；同時，兩手順纏翻轉合於胸前，左拳變八字掌，左臂屈肘前伸，掌心向上，右拳鬆落置於胸前，拳心向內；目視左手方向。（圖4-190—圖4-193）

圖4-190

圖4-191

圖 4-192

圖 4-193

【動作五】腰微右轉再左轉，重心微下沉，旋腰鬆胯，重心迅速左移，由右偏馬步變為左偏馬步；同時，右拳陡然向左前發出，拳心向下；左手八字掌迅速收於左脇側，變半握拳；目視右拳方向。（圖4-194）

圖 4-194

【要點解析】

此式要點與「第十式掩手肱捶」相同。

第三十四式　小擒打

【動作一】腰向右轉，身體微下蹲，隨即向左轉，重心前移，落於左腿，兩腿屈膝下蹲；同時，兩拳變掌，左

手鬆落左膝前，掌心向右，指尖向前上方；右手順纏向右上畫弧轉臂向左下方落，與左手相搭，掌心向左，指尖向左下方，左手在上，高與腹平；目視左前方。（圖4-195）

【動作二】腰向右轉，重心漸移右腿，屈膝下蹲，成偏馬步；同時，右手順纏向右上畫弧撐展至右肩外側，掌心向右下方，指尖斜向左上方，高與眼平；左手旋腕下按，置於左膝外側，掌心向下，指尖向前；目視左前方。（圖4-196）

【動作三】重心左移，隨即右手自右上順纏下落於左膝內側，掌心向上，指尖向左；左手轉臂上翻，掌心向上，指尖向左，置於左膝外側，重心又移於右腿；目視左前方。（圖4-197）

【動作四】腰向右轉；同時，兩手左逆右順纏向右畫弧至右肩前，轉臂翻掌向左下膝前擠按，掌心、指尖皆向左，重心仍在右腿；目視左前方。（圖4-198）

圖4-195 　　　　　　　　　圖4-196

圖 4-197　　　　　　　　圖 4-198

【要點解析】

「小擒打」又稱「肘下偷擒法」。曰「小」，言其身法小也。其意，敵敗復來，故上遮下打，擒而取之，不必用大身法。

此勢以右手為主、左手為賓，兩手左上、右下用倒纏勁一齊向前推擠。上遮下打，肘下偷擊，此曰：「以奇取勝。」此著兵書上稱其「趕盡殺絕」。

拳歌曰：「左手提起似遮架，右手一掌直攻堅。偷從左手肘下穿，摑肚一掌苦連天。」

第三十五式　抱頭推山

【動作一】重心微向左沉，隨即兩手變拳交叉合於左膝上方，左手在上，拳心向下，右手在下，拳心向左下；雙手合住勁，兩肘向內旋，兩拳向裏、向上、向外翻，拳心向上；同時，弓左腿，重心移於左腿；目視左前方。

圖 4-199   圖 4-200

（圖 4-199、圖 4-200）

【動作二】重心微下沉，兩手由拳變掌，掌心向上，雙逆纏畫弧向左右外開至胸前兩側，掌心皆向上；同時，重心略後移；目視左前方。（圖 4-201）

【動作三】腰向右轉，以左腳跟為軸，身體右轉90°，右腳收回半步，前腳掌虛著地，重心移於左腿；同時，兩前臂內旋屈肘，兩手逆纏向上方托起，掌心向上；隨之兩腿屈膝，重心下沉；目視右前方。（圖 4-202）

【動作四】身體微向左轉，兩手隨轉體微向左移，兩肘下沉，旋腕轉臂，兩掌分置兩肩上，掌心斜向內；隨即重心微沉，身體右轉，右腳向右前方上一大步，腳跟先著地，右腿前弓，左腿後蹬，重心前移；同時，兩掌順纏向前推出，掌心向前，指尖斜向上，成「八」字形；目視右前方。（圖 4-203、圖 4-204）

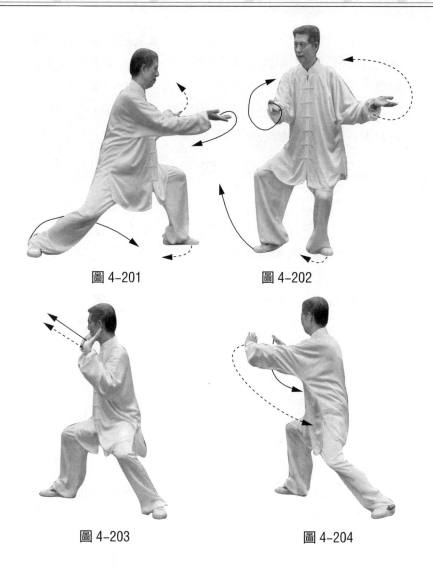

圖 4-201　　　　　　　　圖 4-202

圖 4-203　　　　　　　　圖 4-204

【要點解析】

此勢以雙逆纏而開，轉雙順纏而推，其意以我之左右手分開敵之左右手，使敵之手不能入內攻擊我。拳經曰：「雙

手入到敵人雙肱內，塌住敵胸力推之，其勢如手推山嶽，欲令顛翻傾倒。」因而要求推時，頂勁領好，腰勁下好，襠勁撐圓，腳底踏實，膀力用到掌上，周身一家向前擁。

拳歌曰：「兩手托胸似推山，恨不一下即推翻。此身有力須合併，更得留心脊背間。」

第三十六式　前　招

【動作一】腰向左轉，重心微下沉，左膝外旋，右膝內旋，重心移於左腿，兩腿屈膝下蹲；同時，兩手鬆落沿逆時針弧線向右捋帶至胸前，掌心向左下，指尖向右上；目視右手前方。（圖 4–205）

【動作二】身微下沉，腰微左轉，重心完全移至左腿；隨即右腳提起，向右前方上半步，腳跟先踏實，重心移於右腿；左腳跟步，落於右腳旁，腳尖點地變虛步，右腿隨之屈膝下蹲；同時，隨轉體右前臂逆纏，左前臂順纏，兩手沿順時針弧線向右前方推按，左掌心斜向右前方，指尖斜向前下方，高與腹平；右掌心斜向右前下方，指尖斜向左，高與胸平；目視左手方向。（圖 4–206）

【要點解析】

「前招」一勢其要在於「上領下打」。假設左前方有敵來襲，應敵之法自是左手屈肘轉臂按住敵之手，繞圈「上領」為妙，隨之上步擠按，必是以左手「下打」。拳譜稱此招為「上領下打把客邀」。因而陳鑫說：「前招時，左手順轉，右手倒轉，以左手為主，右手為賓。」

此勢練習時，要求「眼神注視左手」。如何設勢、進退全在於目，眼即見，心即知之，手即隨心而到。機至靈

圖 4-205

圖 4-206

也，動之速也。兵法稱「虛則實之，實則虛之」。

第三十七式　後　招

【動作一】腰向左轉，重心微下沉，左膝外旋，右膝內旋，重心左移；同時，兩臂鬆沉，隨腰左轉以肘為軸，領兩手向左畫弧掤至左肩前，隨即旋臂轉腕，手心皆斜向外，指尖皆斜向左；重心移於右腿，屈膝下蹲；目視右前方。（圖 4-207）

圖 4-207

【動作二】腰微鬆沉，隨即右轉，重心完全移於右腿，左腳提起向左橫開一步，重心左移；右腳跟步，落於

左腳內側，前腳掌著地，成右虛步，左腿隨之屈膝下蹲；同時，兩手左逆、右順纏向右畫弧，隨上步轉體翻掌轉臂，兩手變左順、右逆纏畫弧向左前方推按；右掌心斜向左前方，指尖斜向前下方，高與腹平；左掌心斜向前下方，指尖斜向右，高與肩平；目視左手方向。（圖4-208）

圖 4-208

【要點解析】

「後招」一勢則「以右手為主，左手為賓」。假設有敵從後來襲，陡然轉過身來，以右手與肱接住敵之手，自前至後順轉繞一圈以作引進，復自後至前擊之。此謂擊搏「上領」之勢，右手屈肘繞圈必是轉為「下打」。陳鑫說：「本勢不必用大身法轉關，但用小身法過角可也。以靈動敏捷為尚。」稱此為「小過角之身法」。

第三十八式　雙震腳

【動作一】腰微左轉，左膝微外旋，屈膝後坐；右腳前伸，腳掌虛著地，屈膝上弓，重心移於左腿；同時，兩手隨轉體雙順纏，兩前臂交叉相合於腹前，右手在上，左手在下，右掌心、指尖斜向左下；左掌心、指尖斜向右下；目視前方。（圖4-209）

【動作二】身微下沉，腰微右轉；同時，兩手雙順纏向左右畫弧開至兩肩側，掌心皆斜向下，指尖皆向前，高

圖 4-209

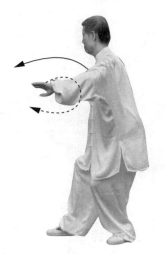

圖 4-210

與胸平，重心仍在左腿；目視前方。（圖 4-210）

【動作三】身體下沉，腰微右轉再左轉；同時，兩手向內轉雙逆纏畫弧並旋肘轉臂翻掌上托，右手在前，左手在後，掌心皆向上，高與腹平；兩臂合住勁，左腿屈膝坐實，右腿前屈，成右虛步，重心落於左腿；目視前方。（圖 4-211）

圖 4-211

【動作四】腰微左轉，左膝外旋，右膝內旋，重心微下沉；同時，兩臂相合蓄勁，胸腹折疊，兩手上托領勁；隨即右腿屈膝上提，左腳蹬地躍起，兩腳左先右後下落，

圖 4-212

圖 4-213

屈膝蹬地震腳，相繼發出兩聲沉悶的震腳聲；同時，兩手
逆纏翻掌，隨震腳向前下按，右臂前伸，掌心向前下，指
尖向前，高與腹平；左手按於右肘左側，掌心向右下，指
尖向前，略低於右掌；目視前方。（圖 4-212、圖 4-213）

【要點解析】

「雙震腳」一勢是上躍身法，又稱「雙落腳」。其要
義是當左腳蹬地起跳時，要借兩手上提引領勁；兩腳下落
震腳時，瞬間要周身鬆勁。「鬆」是為蓄勁更具爆發力，
拳理稱此為「實中再實」。此勢因氣下沉下落震踏，相繼
兩聲震響，故稱「雙震腳」。

第三十九式　玉女穿梭

【動作一】身微下沉，腰向左轉，重心完全移於左
腿，左腳蹬地起立，右腿屈膝上提，成左獨立勢；同時，
左臂屈肘，左手收至左胸前，掌心向前，指尖斜向上；右

手逆纏至胸前，合於左前臂內側，掌心向下，指尖向左；目視前方。（圖4-214）

【動作二】腰微左轉再右轉，左腿獨立，五趾抓地，立足要穩；同時，左手向右前穿掌轉順纏畫弧上抬置左肩上，掌心斜向上，指尖斜向左後；右手向左逆纏畫弧與左臂在胸前交叉繞過，經面額轉向右畫弧至右肩前，隨即前臂外旋，以右掌緣向前斜切，掌心斜向左，指尖向前，高與肩平，重心微前移；目視前方。（圖4-215）

【動作三】重心前移，右腳向前落步蹬地躍起，左腳跟著向前凌空跨出，身體在空中向右後旋轉270°，左腳落地，右腳隨轉體向右橫行落步，兩腿屈膝下蹲；同時，左手順纏經右手下方向前穿出，隨轉體向左下展開，掌心斜向下，指尖斜向左前方；右手回收經胸前隨轉體向右上撐展，然後向右下展開，掌心斜向下，指尖斜向右前方，雙

圖4-214

圖4-215

手分置左右兩側；目視前方。（圖4-216—圖4-219）

【要點解析】

此勢是大轉平縱身法，連進三步，身法淩空向右轉體270°，「如鷲鳥疾飛而進，莫能遏抑」。其訣要在於「第

圖4-216

圖4-217

圖4-218

圖4-219

一步起好」。右腳落步，粘地即起，以啟左腳躍步之勢。前縱之本，全由心勁一提，頂勁領住，三步連續趕進，一氣呵成。

此勢未縱之前全是蓄勁，方縱之時，一往直前。手法、步法、身法，轉法越快、越遠、越高、越好。

拳歌曰：「轉引轉進出重圍，宛同織女弄織機。此身直進誰比迅，一片神行自古稀。」

第四十式　拗鸞肘

【動作一】身微下沉，腰向左轉，兩腿屈膝下蹲，重心完全移於左腿，提起右腳向右橫開一步，右腿屈膝右弓，左腿向右伸蹬，重心移於右腿，成右弓蹬步；同時，兩手向內雙順纏，右手變拳與左掌合於左腹前，右拳心向裏，左掌五指貼於右拳背，隨開步重心右移向右斜上方放肘；目視右肘方向。（圖 4–220、圖 4–221）

圖 4–220　　　　　　　圖 4–221

【動作二】腰微右轉，重心微向右沉，兩腿屈膝微蹲；同時，兩手成拳鬆落合於右膝側，右拳在外，左拳在內，左拳陡然以背反捶順纏向左上方發勁；右拳順纏向右後方發勁；隨即重心移於左腿，左腿弓，右腿蹬，成左弓蹬步；目視左方。（圖 4-222、圖 4-223）

【動作三】身向右轉，重心完全移於右腿，左腿屈膝上提，陡然右腳蹬地，騰空躍起向左後轉體 180°，左腳先著地，右腳隨之下落震腳，屈膝下蹲；同時，左手由下而上向左上方輪轉上引，隨轉體鬆落腹前，由拳變掌，掌心向上；右拳隨轉體向上輪轉，下落合於左手掌心上；目視前方。（圖 4-224—圖 4-226、圖 4-226 附圖）

【動作四】腰向左轉，重心移於左腿，屈膝下蹲，右

圖 4-222

圖 4-223

圖 4-224

圖 4-225

圖 4-226

圖 4-226 附圖

腳以內側貼地向右鏟出一步，隨即左腳跟步，重心隨之右
移，兩腿屈膝下蹲，成馬步；同時，左掌右拳兩臂如環合
成一臂，隨左腳跟步以右前臂逆纏一圈向右發出肘勁；目

視右前方。（圖 4-227、圖 4-227 附圖、圖 4-228、圖
4-228 附圖）

【要點解析】

「拗鸞肘」是近距離的肘勁，亦稱寸勁，也是解脫被採
的有效方法。其要，右腳向右開步時，左腳跟步拖地，落點

圖 4-227　　　　　　　　圖 4-227 附圖

圖 4-228　　　　　　　　圖 4-228 附圖

要有聲，兩腳要沉住，腰腿之勁貫於手臂，發勁剛脆。

譜云：短距離肘發寸勁「貴在驚彈走螺旋」。由腰腹折疊螺旋把身體內部氣化之勁隨肘拋出體外，形成短髮螺旋勁。

拳歌曰：「拗鸞一勢最為佳，左右虛身有妙法。右拗左合彼難架，翻身肘上拗步斜。」

第四十一式　順鸞肘

【動作一】上勢「拗鸞肘」橫肘擊出如不能解脫其採，此勢就繼續順著其勁，腰微右沉再向左轉，重心完全移於左腿，屈膝下蹲，右腳順勢橫向沿地面鏟出一步，左腳實，右腳虛，成偏馬步；同時，兩肘以肘尖為中心，右肘尖逆纏、左肘尖順纏一小圈，兩手左掌右拳向前畫弧合於腹前，拳心、掌心斜向內，兩前臂含掤勁；目視前方。（圖4-229、圖4-229附圖）

圖4-229　　　　　　　　圖4-229附圖

【動作二】腰胯鬆落，重心右移，隨即左腳向右跟拖半步，落地震腳有聲，右腳立即由虛變實，屈膝下蹲，成馬步，襠勁下沉，頂勁領起；同時，兩手分開，左手變拳，兩肘尖順纏分向腰兩側後下方發勁，肘不貼肋，腋下各容一拳，拳心皆斜向內；目視前方。（圖4-230）

圖4-230

【要點解析】

「順鸞肘」接上勢「拗鸞肘」，有「弓弦脫扣」連珠擊射之勢。古稱「順鸞藏肘」。其特點「短兵相接，速戰速決，沒有迴旋餘地」。

拳訣曰：「順鸞肘，靠身搬，打滾快，他難遮攔，肚搭一跌，誰敢爭先。」

第四十二式　穿心肘

【動作一】腰胯鬆沉，上身左轉，重心移於左腿，右腳掌緣輕貼地向右鏟出一步，虛著地，成偏馬步；同時，兩手相合，左拳變掌，橫向貼於右拳背上，右拳心相對胸窩；隨即右肘尖向右上送，再向左下繞回，畫弧成橢圓形，右拳心相對左乳，心神關顧兩前臂抱合轉圈；目平視右前。（圖4-231、圖4-231附圖）

【動作二】兩胯根向右前送，重心移於右腿，左腳隨

即跟上小半步，成右弓蹬步，腳跟用拖勁震地有聲；同時，兩肩向右送，右肘尖向右前擊出，高與胸窩齊；頂勁領起，襠勁下去；目平視右前。（圖 4-232、圖 4-232 附圖）

【要點解析】

此勢接上兩勢「拗鸞肘」「順鸞肘」，連續擊第三

圖 4-231　　　　　　　圖 4-231 附圖

圖 4-232　　　　　　　圖 4-232 附圖

肘，此稱「連珠為用」之法。不讓敵人有喘息時間，充分體現出陳式太極拳「連珠肘擊」的強大威力。因而拳諺云：「穿心肘靠妙難傳。」

拳譜云：「凡手臂越出方圓外，叫做出隅；越進方圓內，叫做進隅。出隅須用採挒，進隅須用肘靠。所以肘靠之用，猶如短兵相接，速戰速決。」

太極拳用肘之法，分為寬、窄兩面。寬面是指從手腕到肘尖部位，殺傷力相對較小；窄面指肘尖，其殺傷力極強，輕者致傷，重者致殘、致命。因而有「寧挨十手，不挨一肘」之說，此三勢皆用肘尖進擊。

拳歌曰：「兩手垂兮兩肘彎，三請諸葛人難防。屈可伸兮伸可屈，看來用短勝用長。」

第四十三式　擺腳跌叉

【動作一】腰先右轉再左轉，重心隨轉體從右移於左，右腳收回併於左腳旁，腳跟提起，成右虛步；同時，兩手向右側畫弧鬆落成掌，手心皆向外，指尖皆斜向右，隨右腳上步兩手變左順、右逆纏向左畫弧至左胸側，旋肘轉腕兩手變左逆、右順纏置於左胯上側，手心皆向外，指尖皆向左，屈膝下蹲；目視左前方。（圖4-233、圖4-234）

【動作二】腰向右轉，重心移於右腿，右腳踏實，屈膝下蹲，左腳提起向左前方斜上一步，隨即腰向左旋，左腿前弓，右腿伸蹬，重心移於左腿；同時，兩手左逆、右順纏隨旋腰向右上方畫弧繞轉，左手置於左肩下側，右手置於右肩上側，掌心皆斜向左前方，指尖皆斜向右上；目視左前方。（圖4-235）

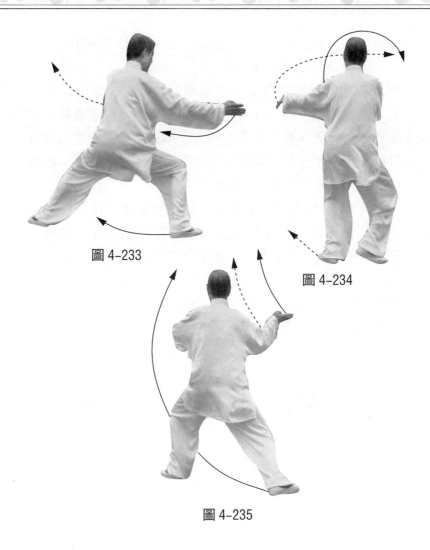

圖 4-233

圖 4-234

圖 4-235

【動作三】身體下沉，腰向左轉，左腿略蹬直，重心完全移於左腿，右腳提起向左上方踢起後轉橫運向右扇形擺開；同時，兩手左逆、右順纏轉左順、右逆纏向左上方畫弧，左先右後依次迎擊右腳面外側，相繼兩聲迎拍，掌

心皆向左，置於兩肩上側；目視前方。（圖4-236）

【動作四】右腳擺蓮後下落，重心下沉，右腳隨重心下沉於左腳旁蹬地震腳，左腳跟隨即提起，重心移於右腳，右腿屈膝下蹲；同時，兩手由掌變拳，左手自左而下逆纏向右畫弧、右手自右上向左下順纏畫弧在胸前兩臂合勁交叉，左拳置於右前臂上，左手在內，右手在外，拳心皆向內；目視左前方。（圖4-237）

【動作五】腰微右轉，右腿屈膝全蹲，左腳腳尖翹起，以腳跟貼地向左側鏟出，上身隨之微左移，右膝裏扣，落胯合襠，下沉跌叉，臀部、右膝裏側與左腿後側一齊貼地；同時，右拳逆纏經面部向右上方畫弧舉起，拳心向頭部方向，略高於頭；左拳順纏貼腹向左下畫弧再轉臂隨左腳鏟出向前穿伸，拳心向右上方，置於左腿上側；目視左前方。（圖4-238、圖4-239、圖4-239附圖）

圖4-236

圖4-237

圖 4-238

圖 4-239

圖 4-239 附圖

【要點解析】

「擺腳跌叉」原為兩勢，「擺腳」一勢，「跌叉」又是一勢。兩勢合為一勢，是「天然照應」。此勢具有前踢、橫擊、震腳、蹬敵連續進攻之勢。拳歌曰：「右腳一擺已難猜，又為兩翼落塵埃。不是肩肘能破敵，一足蹬倒鳳凰台。」

「擺腳」，拳譜稱為「變格」。腳在下，前踢、後蹬謂之「正格」；腳抬起橫運擊人，故稱謂「變格」。拳歌曰：「一木能支廣廈傾，先置死地後求生，任他四面來攻擊，怎擋右腿一劍橫。」

「跌叉」，也是「身入重險，難莫甚也」之境況下，「一腳蹬出以解其圍」，此稱「絕處逢生自不難，解圍即在一蹬中」。

此勢之要，「擺腳」以剛為要，擊之必倒，讓敵膽寒。「跌叉」，以腳前蹬為主，並以左手前伸助之。此為「上驚下取君須記，盤根之中伏下意」。

第四十四式　金雞獨立

【動作一】右腳蹬地向前起身，腰微左轉，左腿屈膝前弓，右腿蹬伸，重心移於左腿；同時，右拳下落於右胯側，拳心向內；左拳隨重心左移向前方鑽伸，拳心向右，拳眼向上，高與鼻平；目視前方。（圖4-240、圖4-241）

【動作二】重心完全移於左腿，左腳陡然蹬地起身，右腳隨重心前移上步，落於左腳內側，前腳掌虛著地，身體微左轉下蹲；同時，左拳順纏向左、向裏畫弧下落腹前，拳心向右上方；右拳順纏隨重心前移走下弧線穿過左

圖 4-240

圖 4-241　　　　　　圖 4-242

臂內側上舉胸前，拳心向內；目視前方。（圖 4-242）

　　【動作三】腰微左轉，左腳繼續蹬地起身，左腿獨立支撐，右腿屈膝向上提頂；同時，兩拳變掌，右手順纏經面前向右上方穿伸外展，掌心斜向右上方，指尖斜向左上方；左手逆纏向左胯外側撐按，掌心向下；右膝隨兩手展

圖 4-243　　　　　　　　圖 4-244

開也順纏外展；目視前方。（圖 4-243、圖 4-244）

【要點解析】

「金雞獨立」為偏運身法。此勢以單腿獨立，以膝上行，頂敵之腎子，以手掌上擎衝敵承漿下骨，兩處皆人要害處，不可輕用。

拳歌曰：「不到真難休使用，此著不但令人哭。狂夫不識其中苦，管令一日廢餐物。」

第四十五式　金剛搗碓

【動作一】身體微下沉，左腿屈膝下蹲，右腳隨之下落震腳；同時，兩手左順、右逆纏隨震腳下按，分置膝兩側，力在掌根，掌心皆向下，指尖皆向前；目視前方。（圖 4-245）

【動作二】身微下沉，腰向左轉，重心微左移；同

圖 4-245

圖 4-246

時，兩手左順、右逆纏向左側掤起，掌心皆向下，指尖皆向左，高與肩平；目視左前方。（圖4-246）

【動作三】腰向右轉，重心移於右腿，隨即左腳提起，成右獨立勢；同時，兩手旋腕轉臂變左逆、右順纏隨轉體向右平捋，掌心向外，指尖斜向左；目視左前方。（圖4-247）

圖 4-247

【動作四】鬆腰落胯，右腿屈膝下蹲，左腳隨之鬆落，以腳跟貼地向左前方鏟出，重心落於右腿；同時，兩手轉臂翻掌向右後上方畫弧伸展，置於右肩側，右手與頭平，左手在

圖 4–248

圖 4–249

右胸前，掌心皆向外，指尖皆斜
向上；目視左前方。（圖
4–248、圖 4–249）

【動作五】腰向左轉，左
腿外旋屈膝前弓，腳尖外撇，右
腿內旋向後伸蹬，重心漸漸移於
左腿；同時，左手從右向左沿下
弧線向左前方伸擠，掌心向前下
方，指尖向右；右手向後下方畫
弧伸撐，掌心向後下方；目視左
手方向。（圖 4–250）

圖 4–250

【動作六】腰微左轉，重心完全移於左腿，左腳蹬地
起身，右腳隨勢上步，前腳掌虛著地，鬆胯屈膝下蹲；同
時，右手隨右腳上步前撩，掌心向前，指尖向下；左手順

纏向裏合於右臂肘窩上，掌心向內，指尖向右；平視前方。（圖4-251）

【動作七】鬆腰落胯重心下沉，左腳踩實蹬地起身，右腿隨勢屈膝上提，重心完全落於左腿，成左獨立勢；同時，右掌變拳，順纏屈肘上提至胸前，拳心斜向上；左手逆纏向下落於腹前，掌心向上，指尖向右，右拳、左掌上下相對；隨即周身放鬆，重心下沉，拳隨身，身隨勢，右腳鬆落，平面震腳，兩腳與肩同寬；右拳隨右腳下落落於左掌內，形成上下合擊，疊合於腹前；目視前方。（圖4-252—圖4-254）

圖 4-251

圖 4-252

圖 4-253

圖 4-254　　　　　　　　圖 4-255

【要點解析】

與第二式「金剛搗碓」相同。

第四十六式　收　勢

【動作一】身體緩緩起立，重心緩緩上移；同時，右拳變掌，隨體起立兩手順纏向兩側分開畫弧高舉，置於頭頂兩側，掌心向內，指尖向上；目視前方。（圖 4-255）

【動作二】重心緩緩下沉，兩手隨即屈肘轉臂逆纏向裏經面前向下畫弧，隨體下沉鬆落於左右胯兩側；同時，重心移於右腿，左腳提起收於右腳旁，身體緩緩直立；兩手自然下垂，掌心皆向裏，指尖皆向下，恢復無極勢；內氣沉入丹田，兩目微閉，收視返聽。（圖 4-256、圖4-257）

圖 4-256

圖 4-257

【要點解析】

「收勢」一絲不可馬虎，身椿要端然恭立，合目息氣，「心中一物無所著，一念無所思」。此為「歸根復命，團陰陽為一，而還於天」。

精練拳四十六式，以「拳架規矩」「拳走低架」「拳勢型美」三大特點在國內、國際太極拳大賽中受到好評，近兩年來先後榮獲幾十個獎項。學者應從「規矩」入手，細心揣摩此拳「十六字訣」，即「低架舒展，腰腹螺旋，輕靈圓活，神韻內含」。謹審其意，日久自悟。切記：「學貴有恆，躬行為難。」

國家圖書館出版品預行編目資料

陳式太極拳內功心法／王永其　著
　　——初版，——臺北市，大展，2012〔民101.03〕
　　面；21公分 ——（陳式太極拳；4）
　　ISBN　978－957－468－864－7（平裝；附影音光碟）

1.太極拳

528.972　　　　　　　　　　　　　　　101000312

陳式太極拳內功心法（附 DVD）

著　　者／王永其

責任編輯／李彩玲

發 行 人／蔡森明

出 版 者／大展出版社有限公司

社　　址／台北市北投區（石牌）致遠一路2段12巷1號

電　　話／（02）28236031・28236033・28233123

傳　　眞／（02）28272069

郵政劃撥／01669551

網　　址／www.dah-jaan.com.tw

E - mail／service@dah-jaan.com.tw

登 記 證／局版臺業字第2171號

承 印 者／傳興印刷有限公司

裝　　訂／眾友企業公司

排 版 者／弘益電腦排版有限公司

授 權 者／北京人民體育出版社

初版1刷／2012年（民101年）　3月

初版2刷／2015年（民104年）11月

　　　　　　　　　　　　　定　價／420元

●本書若有破損、缺頁請寄回本社更換●

大展好書　好書大展
品嘗好書　冠群可期